AF346690

LE CABINET

DES PLVS BELLES

Chanſons nouuuelles, tant
de l'amour que de la
guerre.

Recueillies des plus excellens Poëtes
François de ce temps & autres.

Auec leurs chants fort plaiſans & recreatifs.

A LYON,

M. D. XCII.

CHANSON NOVVELLE
laquelle se chante sur vn chant nouueau.

Vi veut ouyr chanson
Chansonnette nouuelle,
D'vn ieune compagnon
Et d'vne damoiselle:
Il en laissa l'escrire
Aussi l'estudier,
Pour l'amour d'vne fille
Qui se laissa tromper.
    Ell'a faict deshonneur
A toute sa lignee:
Ell'a faict vn enfant
Sans estre mariee:
Son frere, aussi sa mere
En ont le cœur dolent,
Son frere aussi sa mere
Ont grand honte des gens.
    Le galand s'en all

Faire vn tour en la ville,
En son chemin trouua
Le frere de la fille:
Monsieur mon capitaine,
Me voulez vous donner
Vostre sœur pour ma femme,
Qui est fort à mon gré?
　　Le frere luy respond
Ne sçachant la promesse,
Qu'entr'eux conclus ils ont,
Ma sœur est trop ieunette:
Ma sœur est trop ieunette:
Ne se veut marier:
Cherchez vostre aduantage
Monsieur si le trouuez.
　　Maudite soit la mort
Qui de moy s'est retraitte:
S'elle m'eust prinse alors
Que i'estoy plus ieunette,
Mon corps seroit en terre,
Mon ame en paradis,
Maintenant ie suis grosse,
Ie ne fais que languir.

Il m'a donné cent francs
Pour faire ma gesine :
Est-ce le payement
D'vne tant belle fille?
Au fort quand ie m'aduise
Il me faut contenter,
Ie ne suis pas la premiere
Qui s'est laissé tromper.

 I'ay veu que ie pouuois
Me fournir de monnoye,
Laquelle il me donnoye
En visitant son coffre :
Mais ie feus bien si nice
Qu'il ne m'a satisfaict
De ce loyal seruice
Que ie luy auois faict.

 Las i'ay bien veu le temps
Que me soulois esbatre
Et me mocquer des gens
Par tout en toute place :
Mais la chance est tournee
Le tout à mes despens :
Maintenant suis mocquee

A 3   Des

Des petits & des grans.
  Monsieur a faict crier
Aux carres de la ville,
Que l'on n'eust à blasmer
Vne tant belle fille :
Vne tant belle fille
Ieunette à son plaisir :
A fin que son seruice
Ne tourne à desplaisir.

F I N.

Chanson nouuelle, sur les regrets d'vn volleur nommié Cap-Blancou, qui fut mis sur la rouë, & executé à Tholose le 3. Septembre 1583. Sur le chant,

Si ie t'appelle ingrate, &c.

LA diuine iustice
Ne delaisse impuny
Le cruel malefice,
En fin l'on est puny,

Helas,
On

On reulent au supplice
Le gain estant finy.
    Icy gisent mes plainctes
Cy gisent mes douleurs
Mes entrailles sont taintes,
De cris souspirs,& pleurs   Helas,
Les mortelles attaintes,
Augmentent mes fureurs.
    I'ay par mes mains brigantes
Grands crimes perpetrez
Des ombres innocentes
Les temples empoudrez,   Helas,
Et par mes mains sanglantes
Les iustes massacrez.
    I'ay fait durant ma vie
De maux vn million
Exercé volerie
Cherché l'occision,   Helas,
Ie croy que la Furie
M'a versé la poison.
    Par les grottes sauuages
Mon logis a esté,
Les plus fueillus bocages

A 4   M'ont

M'ont faict durant l'Esté,   Helas,
Perpetrer brigandages,
Auec grand cruauté.

    C'estoit mou exercice,
Qu'à voler le marchant,
I'en faisois sacrifice
D'vn fier couteau trenchant,   Helas,
Mettant au precipice
Son corps & son argent.

    Grondant comm'vn tonnerre
Ie luy ouure le flanc,
Ie l'estrain, ie le serre,
Luy fais pisser le sang,   Helas,
Et fais que dans la terre
D'autres il tient le rang.

    Mais la iuste vengeance
A mis fin à mes maux,
Ne voulant repentance
Des penibles trauaux,   Helas,
Ell'a mis preuoyance
A mes aspres assaux.

    Car vn iour de Dimanche
Sur le poinct du matin,

Ie

Ie cuidois dans ma manche
Retenir vn Mondain,　　　　　Helas,
Mais l'ombrageuse planche
M'a osté le butin.

　　Monsieur de Roquebrune
M'en à fait la raison,
(O maudite fortune)
Monsieur de Mauleon,　　　　Helas,
D'vn propos m'importune,
Ne voulant ma rançon.

　　Mon esprit ne repose,
Mon sens se trouble tout,
On m'ameine à Tholose,
On me gehenne par tout,　　　Helas,
I'ay pour mets vne chose,
Qui est d'vn mauuais goust.

　　La chose c'est la roüe,
Qui brisera mon corps,
La gehenne m'amadoüe,
Le mal me fait remors,　　　　Helas,
Tous mes forfaicts i'aduoüe,
Contrainct par ces effors.

　　A grands coups de massuë

Attaché sur vn bois,
On meurtrit ma chair nue
Ha! ie rends mes abbois,   Helas,
En vain ie me remue,
Ie sens vn trop lourd poix.

    O Seigneur Roy de gloire,
O saincte Trinité,
Ne retient en memoire
Ma grand iniquité,   Helas,
Fais que i'aye victoire,
Par ta grand charité.

F I N.

Chanson nouuelle d'vn qui faisant grand che-
re en sa maison a esté mené en prison,
Sur le chant, Sital Dieu te doint
patience.

Qvi veut ouyr chansonnette nouuelle la diront
D'vn ieune personnage point ne nomme
son nom,
Messieurs de la iustice l'ont prins en sa
maj

maiſon,   bis
Luy ont paſsé la Saone l'ont mené en priſon.

Quand furent à la porte commencent à
frapper
On ſonne le iolier qu'il apporte les clefs,
Ils ont prins le liure ont demandé ſon
nom,   bis
Le leur ayant donné l'ont mis dans le
croton.

Eſtant dedans la foſſe, il fut bien eſtóné
Il penſoit à la choſe dont il eſt accuſé
Alors il ſe recorde de la grãd trahiſon bis
Que luy a eſté faite par vn meſchant gar-
çon.

Quant vient ſus les huict heures. Lors ils
l'ont appellé
L'ont mené en la chambre pour eſtre in-
terrogué
Et entrant dans la chambre comme il eſt
de raiſon   bis
Il fit la reuerence en entrant.
Quãd il fut à la chãbre ils l'õt fait aſſetter
Sur

Sur la petite celle comme vn criminel
Il leue la main droitte son nom ont de-
    mandé,   bis.
Sans faire long discours il le leur à donné.
Et quand mõsieur le iuge l'a eu examiné
De toute sa puissance sans point s'y espar-
    gner
Luy ont donné la plume pour le faire si-
    gner   bis.
Iamais iour de sa vie ne fust si estonné.
Voyant sa signature, biẽ tost la renuoyé
Dedans la basse fosse dont il l'auoit osté,
Luy ont fermé la porte la dedans l'ont
    laissé   bis.
Mais Dieu par sa puissance soudain l'en à
    osté.
Quand vient à la dimanche, ils l'ont em-
    manetté,
L'ont mis en vne chambre nommé le
    treillis noir,
Se voyant les manettes, il cuidast enra-
    ger   bis.
Sans tant d'honnestes femmes, qui l'ont
                     recon

reconforté.

De parler de sa chambre il n'a occasion
C'est la plus belle chambre qui soit en la
    prison,
Ayāt la cheminee de dix ou onze pas bis,
Ou il fait sa cuisine quād il fait son repas.
    Qui la chanson a faite, c'est vn braue
    soldat,
Estant dedans sa chambre les manettes
    aux bras,
En regrettant sa femme qui ne l'est venu
    veoir
Ie vous iure mon ame, il y a bien trois
    mois.

F I N.

Chanson nouuelle, & se chante sur
vn chant nouueau.

Q Velle chose icy bas
    Vit plus que moy dolent & mise-
rable,
O mort, ô nuict, ô parque desirable,
Auancez mon trespas.

                                    Helas

Helas ie suis le but
Ou le destin, la fortune & l'enuie:
Lancent les traicts des malheurs de la vie,
Sans espoir de salut.

Comme de tous costez
Dans Occean toutes riuieres coulent,
Ainsi dans moy de toutes parts se rendent
Toutes calamitez.

Pourquoy Dieu tout puissant
M'a vostre main tiré de la matrice,
Pour me liurer innocent au supplice
Des douleurs que ie sens?

Despuis cinq ou six mois,
Vne douleur excessiue m'accable,
Nul autre mot qu'vn helas lamentable
N'est sorty de ma voix.

Mon œil mesmes est plus duict
A larmoyer, que voir ce qui s'oppose:
Pauure œil helas fust ta pauureté enclose
D'vne eternelle nuict.

Il n'est marbre si sourd,
Qui n'ayt ouy les playes de mon angoisse
Il ny à rien que mon mal ne cognoisse,
Mais

Mais rien ne me secours,
　　Qui peut donner secours
A la douleur de ma peine cruelle?
La seule mort qui le peut faire est celle
Qui me fuit tous les iours.
　　Mes amys plus certains
Voyant mon mal, ont cherché le remede
Remede vain s'ils scauoyēt d'où procede
Le mal d'où ie me plains.
　　Helas si vous m'aymez
Ne touchez point ma playe,
Plus vostre main de la guerir s'essaye
Plus vous l'enuenimez.
　　Que maudict & damné
Soit le moment de ma naissance amere
Mauuais le iour qu'on vint dire à mó pere
Qu'vn fils luy estoit né.
　　Que iamais le Soleil
A ce iour la ses rayons ne desploye
Rien que douleur ce iour la l'on ne voye,
Et rien qu'habits de dueil.
　　M'oyant gemir en auez l'ame attainte
Croyez qu'ēcor l'aigreur de ma cóplainte
　　　　　　N'esgale

N'esgale mon torment.
  L'enfer me fait souffrir
Vn mal plus grief que celuy qu'on me
    donne,
Brief pour autant que ie n'ose à personne
La cause en descouurir.
  Pleurez donc mes douleurs   (cesse,
Pleurez mes yeux, pleurez pleurez sans
Vous ne sçauriez pour plus iuste detresse,
Fondre en ruisseaux de pleurs.
F I N.

Chanson nouuelle d'vn garçon du Dauphiné
qui a batu son pere & sa mere, sur le
chant de la fille perdue.

Qvi veut ouyr chansonnette
  C'est d'vn mauuais garçon,
Qui bat son Pere & sa Mere,
Et les sort de la maison,
        Prendre le faut,
        Prendre le faut,
Le mener en gallere,
Pource qu'il a battu son Pere

Et

Et sa mere.

   Vn iour viendra la caresme
Qu'il me faudra bien ieusner,
Mettray deux genoux en terre
Pour à Dieu pardon demander
Prieray Dieu, prieray Dieu
Et la vierge Marie, qui
Me veulent sortir des
Mains de la Iustice.

   Auant que soyons à Pasques
Il me faudra confesser, mettray
Deux genoux en terre, pour
A Dieu pardon demander, si Dieu
De moy, si Dieu de moy
N'a misericorde, ie me
Pourray bien pendre auec
Vne cordé.

   Vous autres peres & meres
Qu'auez de petits enfans,
Chastiez les de bonne heure
Qu'ils ne facent comme moy,
Car i'ay peché, car i'ay peché
D'auoir battu mon pere & ma mere,

       B   Ie

Ie ne verray iamais la
Gloire eternelle.

　　Les enfans quand ils sont
Ieunes ils n'ont point de
Soucy de croire pere
Et mere font tout à leur
Plaisir car s'ils auoyent &
Cognoissent leur pere &
Leur mere ils ne feroyent
Iamais chose
Pour leur desplaire.

　　L'enfant qui ne croit son pere
Ne fera iamais bonne fin
N'y aussi sa pauure mere las que
La si cher nourry quand on
Leur fait quand on leur fait
Vn peu de remonstrance,
Se mocqueront de vous tout à vostre
Presence.

　　Las ce fut pour vn dimanche
Qu'au peage nous fusmes prins
Enfermez dans vne chambre
Nous ne l'auions pas deseruy,

Aux

Aux pieds aux mains aux pieds aux mains
Ils m'ont mis de Sonnettes, ie ne puis
Vouler vouler aux aloüettes.

    Le Preuost de Dauphiné si me vint
A interroguer de plusieurs
Choses que iamais ie n'ay
Pensé ny songé
Il m'a dit tu auras ta deliurance
Se sera Ieudy Ieudy sans plus attendre.

    Or viença Iolier bon homme me
Diras la verité si ie seray mené
Aux galleres, ou si tousiours
Languiray helas,
Iolier sors moy de ceste
Peine te donray cent escus
Se sera ton estreine.

    Le Iolier si luy va dire ie
Ne te sçauroye sauuer quand
Tu aurois d'escus cent mille
Et que tu les me donnerois,
M'appelleroyent m'appelleroyent
Traistre à la Iustice, puis ie
Serois marry de t'auoir

        Sauué

Sauué la vie.

    En regardant par la feneſtre
Ne vy pas mon pere venir, auſſi
N'ay-ie pas ma mere, dont
Ie n'ay le cœur marry :
De mes parens de mes parens
Il ne m'en chaut pas guere
Mais que i'aye veu
Ma tres loyalle mere.

    Les enfans de Dauphiné ne s'y
Faut point fier, car pour vn
Petit d'enuie, ils m'ont treſtous accusé
Il m'ont vendu, il m'ont vendu
Ma pauure chair humaine
Comme la brebis qui
Porte laine.

    Or la grande defortune
Qui me vient, pour vn
Lundy de battre mon
Pere & ma mere, don
I'en ay le cœur marry
Il n'eſt pas temps las
Que ie m'en repente

Souſ

Souffrir la mort me faut
Au long d'vne potence.

Qui à fait la chanfonnette,
Sont deux prifonniers
Enfermé dans vne chambre
La chanfon ont compofee,
Regrettant & foufpirant
De parler à leur mye
Il leur parleront tantoft ô la grande pitié.

FIN.

Chanfon nouuelle d'Anuers, fur le chant,
La Parque fi terrible, &c,

SI i'auois la feconde
De fçauoir raconter,
Et dire à tout le monde
La grand neceffité
Qui eft en cefte fois   bis
Sur nous pauures François.

Il y a en cefte armee
Tant de braues foldats,
Qu'endurent & patiffent

B 3   Pour

Pour messieurs des Estats,
Ne n'oseront chanter   bis
Leur grand necessité.

    L'vn veut vendre ses chausses
Et l'autre son pourpoint,
L'autre son arquebouze,
Pour vn morceau de pain,
Vont chez le viuandier   bis
Et s'en vont sans payer.

    Le viuandier se fache
A Monsieur de Beau Puy,
Luy demandant iustice
Au Preuost & à luy
Torment, tu cognois bien   bis
Que les soldats n'ont rien.

    Du temps que nostre Prince
Estoit dedans Anuers,
Nous faisions bonne chere
Dedans les cabarets,
Nous auions des moyens   bis
Mais nous n'auons plus rien.

    Nous auions de la biere,
De fromage, & de pain.

Nous

Nous faisions bonne chere
Auecques les putins,
Tous les bourdeaux d'Anuers   bis
Estoyent pour nous ouuers.
    La chance est bien tournee
Le temps est bien changé,
Nous n'auons plus de biere
Ne de pain à manger,
Mon Dieu le grand tourment   bis
Quant on n'a point d'argent.
    De puis que nostre maistre
S'est de nous exempté,
Nous n'auons que misere
Et grand calamité,
bien heureux est celuy   bis
Qui est aupres de luy.
    Vous faictes icy guerre
Pour des gens inconstans,
Qui sont autant amiables
Comme la pluye au vent
Le petit veut auoir   bis
Sus le grand le pouuoir.
    Monsieur le Mareschal

Lieutenant general
Ne faictes plus la guerre
Pour ſes gens inconſtans,
Amenez noz ſouldats   bis
Car nous mourons de faim.
    Monſieur de la Val
Il y eſt eſueillé,
Qu'auez toute puiſſance
Sur tous les cheualiers
Pouuez vous bien ſouffrir   bis
Nous voir ainſi languir.
    Monſieur de la Mouerie
La gard' de Glaueſon:
Priez tous ie vous prie
Monſeigneur le Baron,
Qu'il ne permette point   bis
Que nous ſouffrions de faim.
    Mais ſi iamais peux eſtre
En France en ma maiſon,
Ne feray iamais guerre
Pource villain Cryon:
Combattray pour mon Roy   bis
Pour Monſieur & ſa Loy.

Prions

Prions tous ie vous prie
Le Seigneur tout puiſſant,
Qu'il nous donne la grace,
De ſortir de Brabant,
Et nous donne la paix　　　　　bis
Qui dure à tout iamais.
　　Qui à faiɛt la chanſonnette
C'eſt vn braue ſoldat,
Eſtant en ſentinelle
Pres de Bergue ſus Ion,
Qui n'en ſouffroit la faim　　　bis
Et n'auoit point de pain.
　　　　　F I N.

Chanſon nouuelle d'vne ieune fille qui pour
auoir prins ſon charnel deſir, à mis à mort
ſon premier fruiɛt. Sur le chant,
*　　Laiſſez la verde couleur.*

OR oyez filles oyez
De ma treſmiſerable vie,
Et de mon forfaiɛt voyez
Las comme ie fus rauie.　　　bis
　　Ie n'auois lors que quinze ans
　　　　B　5　　　　　　Que

Que ma chair tant delicate
Sans nul soucy de parens
S'oublia par trop ingrate.   bis
    Vn ieune fils blanc & beau
Se rendant à mon seruage
Par vn amoureux flambeau
De mon pudique coursage.   bis
    Alors surprinse d'amour
Ie me suis à luy donnee
En oubliant le cler iour
Ainsi comme abandonnee.   bis
    Soudain il me fut aduis
Que mon pere bon & sage
Me donneroit ce beau fils
Conioinct par bon mariage.   bis
    Mais d'vne grande rigueur
De mon bon heur ma priee
Dont ie vis en deshonneur
Sans pouuoir estre sauuee.   bis
    Car enceincte i'ay esté
Bien neuf moys ou d'auantage
De ma grande loyauté
Qu'il s'est conuerty en rage.   bis

Car

Car mon fruict tres-innocent
Estant venu en ce monde
Auec vn fert bien tranchant
Ie l'ay faict nager sur l'onde.   bis

   Mettre son corps en morceaux
Et sa chair tant deliee,
Là dedans le bruict des eaux
O Dieu! las ie l'ay iettee.   bis

   Vn bras, las s'est arresté
Au bord en criant vengeance,
De ma grande cruauté
Il saignoit en abondance.   bis

   Alors ce trespetit bras
C'est en poursuiuant mon vice
Criant la de toutes parts
Messieurs faictes moy iustice.   bis

   A vous Messieurs de Dijon
Faictes moy ie vous en prie
Mourir dedans ce donjon
Point ie n'en seray marrie.   bis

   Ie confesse à l'instant
Messieurs que i'ay faict outrage

D'auoir

D'auoir tué mon enfant,
Par vn trop cruel courage
    A lors condamné, ô Dieu,   bis
Fus dy estre tenaillee
Puis estre dedans vn feu
Toute viue estre bruslee.   bis
    Et mon pere estoit de ceux
Qui m'y donnoit ma sentence,
Lors mon pauure cœur trembloit
Et pleuroit en abondance.   bis
    Alors l'executeur vient
D'vne façon si estrange,
Me lient de gros cordeaux
Mes deux tres-belles mains blanches.   bis
    Et aussi mes blonds cheueux
Que ie frisois comme l'onde,
Auecques rudes ciseaux
Les couppoit deuant le monde.   bis
    Aussi tost fus menee droict
A la mort & au supplice,
Helas mon pere estoit
Pour veoir de moy la iustice.   bis
    Et quand fus sur l'eschaffaut

                                                            Auec

Auec de grandes tenailles rouges,
Le bourreau vient en sursaut
Me criant pinçant, ne te bouge.   bis
      Lors le feu y flamboyoit
Qui iettoit forces estincelles
Contre mes yeux qui plouroyent
Bruslant mes pauures mammelles.   bis
      Alors c'est executeur bruslant
Me pousse pauure Chrestienne,
Dedans vn feu si ardant
Me consommant toute viue.   bis
      Or à Dieu filles à Dieu,
Contemplez ceste hystoire ample
Ie suis mise en ce lieu
Pour vous y seruir d'exemple.   bis
      Or priez, filles priez
Pour ma pauure ame maligne
Et point ne vous oubliez
Comme à faict la Catherine.   bis

F I N.

Chan

Chanson nouuelle d'vn qui a esté desaduoüé
de sa femme & de ses parens. Sur
le chant, Puis que mon amy
m'a laissé.

SVr moy s'est addressé malheur
En me donnant vn coup de langue,
Qui m'a touche à mon honneur
Dont la chose m'est fort estrange,
Mon pauure cœur vit en souffrance
Nuict & iour ne fais que plourer,
En demandant à Dieu vengeante   bis
Du mal qu'on me faict endurer.

  A la prison là où ie suis
Il n'y a ny huy ny fenestre,
Qui ne soit à l'entour barré
Tant à main dextre que senestre,
Qui m'ait lié comm'vne beste,
De fers au pieds, aussi au corps,
Des mannettes à la main droitte,   bis
Seroit pour mieux tenir mon corps.

  Et le lict où ie suis couché
Il n'y a ny bourre ny plume,

Le

Le chenlict ne n'est point de bois,
Il est aussi mol qu'vne enclume,
De l'eau du puys il faut que i'hume,
Du pain qui n'est à mon soüef,
La paille qui me sert de plume   bis
Vne pierre soubs mon cheuet.

    Et à la tour la où ie suis
Le Soleil n'y faict point d'entree,
La Lune luyt sur la minuict,
Et le Soleil sur la vespree,
Le vent y à faict son entree
Passant par dessoubz le guichet,
Garde ie n'ay de la rosee   bis
Car ie suis pris au trebuchet.

    Et quand se vient sur la minuict
Le Iollier s'en vient à la porte,
Il prend les clefz & ouure l'huys,
C'est pour voir comme ie me porte,
En sa main droicte vn baston porte
Si ie dy mot pour me frapper,
Vne chose me reconforte   bis
Ie suis au lieu pour l'endurer,

    Ma femme m'a desaduoüé,

Aussi

Aussi à il ma belle mere,
La Marie n'en à pas moins faict
Ny aussi Claude mon beau frere,
Ils sont trestous à moy contraire
Dont ie n'ay le cœur esbahy,
Mais Dieu me donnera la grace　　bis
Que ie les feray tous mentir.

　　Et quand i'ay à moy bien pensé
Vne chose me reconforte,
Quand mon corps sera trespassé
Mon ame ne sera point morte.
Iustice n'est point assez forte
Et ne sçauroit aucunement,
Faire mourir tout d'vne sorte　　bis
Le corps & l'ame ensemblement.

　　I'ay veu que ie soulois auoir
Mes deux enfans à ma plaisance,
Maintenant ie ne les vois plus
Dont ie ne vis qu'en desplaisance.
Soulois auoir pour ma seruante
Ma ieune femme à mon plaisir,
En contemplant sa bonne grace　　bis
Et la seruant à son desir.

Celuy

Celuy qui à faict ceste chanson
Vn fondeur de la Verpiliere,
Estant dans la prison Royau
Dedans Lyon la bonne ville,
Il chante de melancolie
Et cependant le temps s'en va,
Du regret qu'il à de sa femme   bis
Qu'il ne la tient entre ses bras.

F I N.

La complainte de l'vsurier
Insatiable & roturier:
Qui sera condamné à rendre
Ce que trop il a osé prendre.

Elle se chante sur le chant,

A qui me dois ie retirer,
Puis que mon amy m'a laissee.

NE suis-ie pas bien malheureux,
De m'estre adonné à l'vsure,
Ie pensois estre bien-heureux,

C   D'

D'acquerir du bien en peu d'heure:
Mais ie cognois bien que peu dure
L'argent gaigné mal à propos:
Las! i'en porte la peine dure,   bis
Toute nuict ie perds le repos.

    Lors que i'ay presté, sans raison,
Au païsan petite somme,
Ie le fay fourrer en prison,
Sans auoir pitié du pauure homme:
Ie le traicte si bien en somme
Qu'à l'heure qu'il sort de ma main,
Sans auoir vaillant vne pomme,   bis
Il s'en va mandiant son pain.

    Accompagné d'vn bon sergent,
Ie vay de village, en village:
Quand l'on ne me donne d'argent,
Ie fais vn terrible rauage,
Ie mets en vente le mesnage,
Et tout le bien que i'apperçois,
Laissant aller suiuant l'vsage,   bis
Pour vn liard ce qui en vaut trois.

    Mais quand quelqu'vn est souuenant
De me faire la reuerence,

Disant

Difant, Monfieur pour maintenant
De vous payer ie n'ay puiffance,
Ces deux chappons à graffe pance
Vous plaife prendre de ma main :
Mon amy i'auray fouuenance   bis
De t'attendre iufqu'à demain.

    Au laboureur de moy cognu,
Ie prefte d'argent fur fa prife,
Et dés que le terme eft venu,
Ie le manie en bonne guife,
S'il ne tient la chofe promife,
En me faifant bonne raifon,
Ie le vous enuoye en chemife,   bis
A la chaffe hors de fa maifon.

    Si mon compere eft poffeffeur
D'vne terre pres de ma grange,
I'en veux eftre le fucceffeur
Par achet, ou bien par efchange:
Mais s'il trouue le cas eftrange,
I'attens caut, fa neceffité:
Lors par vfure qui tout mange   bis
Ie m'en voy feigneur limité.

    Dés que le bled eft amaffé,

Pour faire vn traffic plus honneste,
De grand' auarice chassé,
Ie m'en vay droit à la grenette,
Auquel lieu ie fay mon emploite
De grains, à grande quantité:
Attendant famine, & disette: bis
Pour le vendre à l'extremité.

Mais ie tombe en grand desespoir,
Quand Dieu par sa misericorde
(Foison de biens faisant plouuoir)
La requeste à son peuple accorde:
Ie me trouue en telle discorde,
Que peu s'en faut que par effect,
Ie ne m'estrangle d'vne corde,   bis
Comme mes ancestres ont fait.

Au temps que i'estois hostelier,
Mon vsure estoit plus couuerte:
Ie ne prestois pas vn denier,
Et tenois ma boutique ouuerte,
Faisant apporter la desserte
Plustost qu'on ne la demandoit,
Et payer (me gardant de perte)   bis
Trois fois plus qu'on ne despendoit.

D'estre

D'eſtre reprins ie n'ay pas peur,
D'autant que l'vſure ie farde
D'vne treſ-honeſte couleur,
D'eſtre marchand ie me hazarde:
Ie me tien ſi bien ſur ma garde,
En me leuant de bon matin,
Que tout homme qui me regarde,   bis
Pour m'attraper perd ſon Latin.

   Vne fois ie voulu preſter
A vn de qui ie n'auoy' doubte,
Le voulant rudement traicter,
Il en faut auoir quoy qu'il couſte:
Il ſçeut plus que moy, ſomme toute,
Car s'en allant ſans dire Adieu,
Auec vn peu de banque-route,   bis
Il emporta l'argent du ieu.

   L'vn couuert de nouuelle Loy,
Et l'autre caché ſous l'antique,
Ne ceſſe de tirer à ſoy
Le bien d'autruy en ſa boutique:
L'vn par art, l'autre par pratique,
La charité miſe au Colier:
A ceſte heure chacun s'applique   bis

A son profit particulier.
 Il ne faut pas dire il disoit,
Cecy est fait par ignorance:
Petit, & grand, bien apperçoit
S'il fait bien, ou s'il fait offence:
Accusé de sa conscience:
Chacun le void, sans mener bruit,
Venons donc à l'experience :   bis
Car on cognoit l'arbre à son fruict.
 Or Dieu par sa benignité,
Voulant extirper l'auarice,
Des remedes a suscité,
Pour y mettre bonne police:
Ceux qui seront attains du vice
De l'vsure, iront en prison:
Dieu vueille maintenir Iustice,   bis
Pour rendre à chacun sa raison.

FIN.

La

LA CONSOLATION DES

mal mariez, fort necessaire à plusieurs
personnes, qui desirent passer le reste ae
leur vie, auec plaisir & contentement.

Elle se chante sur le chant,

En quel desert, en quel bois plus sauuage.

Pour les Hommes.

SI tu te plains q̃ ta fẽme est trop bõne,
L'ayãt gardé trois sepmaines, en tout:
Attends vn an, & tu perdras à coup
L'occasion de t'en plaindre à personne.
Mais si elle est malicieuse, & fiere,
Par mon conseil, ne l'en estime moins:
Ie prouueray tousiours par bõs tesmoins,
Que la meschante est bonne mesnagere.
Si par nature elle est opiniastre,
Commande luy toute chose à rebours,
Et tu seras seruy suiuant le cours
De tõ dessein, sans frapper ny sans battre,
Si au bourbier menteur elle se plonge,
Croy le rebours de ce qu'elle dira,

Et

Et tu verras qu'elle te seruira
De verité, pensant dire mensonge.
    Si elle dort la grasse matinee,
C'est ton profit, d'autant qu'elle n'a pas
Tel appetit quant ce vient au repas:
Et son dormir luy vaut demy disnee.
    Si elle fait la malade par mine,
Va luy percer la veine doucement,
Droit au milieu, & tu verras comment,
Tel esguillon luy porte medecine.
    Si elle est vieille, ou malade sans cesse,
Tu la sçauras sage contregarder,
Attendant mieux: & si pourras garder
Pour vn besoin, la fleur de ta ieunesse.
    Si tu te plains que ta femme se passe
De faire enfans, par faute d'vn seul point,
Sois patiêt, mieux vaut ne s'en voir point
Que d'en auoir qui font honte à leur race.
    Mais si tu dis, que la charge te presse
D'enfans petis, dont la teste te deult,
Ne te soucie il n'en a pas qui veut:
Ils t'aideront à viure en ta vieillesse.
    Si quelque fois du vin elle se donne,

Cela

Cela luy fait sa malice vomir:
C'eſt vn potus qui la fait endormir:
Femme qui dort ne fait mal à perſonne.

Si le Ciclope a taché ſon viſage
D'vne laideur qui ne ſe peut oſter,
C'eſt pour du ieu d'amour te deſgouter:
Qui moins le ſuit eſt reputé plus ſage.

D'autre coſté ne ſortant de ſes bornes
En beaux habits, la blācheur de ſon tainct
Ne te fera de ialouſie attaint,
Ains te rendra franc de porter les cornes.

Si bien paree, elle faint l'amiable,
Sortant dehors, ie te diray pourquoy,
C'eſt pour cōplaire à autruy plus qu'à toy
Veu qu'au logis elle reſſemble vn diable.

Si tu me dis que touſiours elle grōgne,
C'eſt pour tenir en crainte ſa maiſon:
Il m'eſt aduis qu'elle a quelque raiſon,
Veu qu'en groignāt elle fait ſa beſongne.

Si elle eſt braue, & ſuperbe ſans hóte,
Tel te dira auiourd'huy, & demain,
Bon iour monſieur, le bonnet à la main,
Qui parauant de toy ne faiſoit conte.

C 5

Si

Si gracieuſe en tenant bonne geſte,
Au deſcouuert ſon beau ſein elle a mis
C'eſt qu'elle veut donner à tes amis
Opinion tres-bonne de la reſte.

    Mais ſi elle a ioüé ſon pucellage,
N'en ſonne mot : celuy qui l'a gaigné
Perdant le ſien libre t'a eſpargné
Vn grand trauail, c'eſt autant d'aduãtage.

    Si elle fait à tes amis ſeruice,
De corps & biens, par liberalité,
Elle vaut plus que tu n'as merité:
Elle n'eſt point ſubieſte à l'auarice.

    L'auarice eſt vn vice miſerable,
L'on void ſouuent qu'vn faquin vſurier
Va choiſiſſant tel pour ſon heritier,
Qui le voudroit voir mort ſur vne table.

    L'auare encor à vn pourceau reſſemble,
Duquel iamais honneſteté ne ſort,
Pẽdãt qu'il vit mais depuis qu'il eſt mort
Tous les voiſins en font grand chere en-
    ſemble.

    Si tu me dis qu'elle eſt inſatiable,
Ne ſe pouuant d'aucun gain contenter
                              Apres

Apres ſa mort tu te pourras vanter,
D'auoir trouué le butin amiable.
    Si tu te plains qu'elle a mauuaiſe teſte,
Il m'eſt aduis que tu te fais grand tort,
Elle en fera le vinaigre plus fort:
Au demeurant elle ſage & honneſte.
    Si elle court & ſouuent ſe promeine
Par cy, par là, n'a elle pas raiſon?
C'eſt pour laiſſer la paix en ta maiſon:
Quãd elle y eſt trop de bruit elle y meine.
    Si tu la dis mauuaiſe meſnagere,
N'eſpargnãt riẽ pour faire vn haſchepot,
Elle s'adonne à eſcumer le pot:
Viue touſiours la bonne cuiſiniere.
    Si elle a fait voler ſon mariage
En gros eſtat, & diſſolution,
Tu l'as permis, par vaine ambition, (ſage.
C'eſt pour te rẽdre en tes vieux iours plus
    Si ta femme eſt de pauure parentage,
N'en ſois faſché: car le riche apparent,
Prompt au meſpris de ſon pauure parent,
Ne luy ſert plusq̃ d'vn faſcheux ombrage.
    Socrates fut homme plein de ſcience,
                                        Qui

Qui se voyant de sa femme outragé,
Ne la voulut battre, comme enragé:
Mais fut contraint de prendre patience.

F I N.

Pour les Femmes.

SI ton mary ça & là se promeine,
Pour chãger d'air, n'en ayes pẽsemét:
Il fait cela pour ton soulagement,
Et pour dispos te releuer de peine.

Mais s'il y prẽd chose que dire il n'ose
Pour auoit sot, en eau trouble pesché,
Le voila bien puny de son peché:
Laisse le à part sa santé se repose.

S'il a perdu en son âge d'enfance,
Vn grain des siens, tu ny prens pas plaisir,
Tu m'entẽs biẽ: mais il vaut mieux choisir
Vn bon tesmoin, q̃ deux sans souuenance.

Si ton mary va son argent despendre
A la tauerne: il a quelque raison:
On ne despend pas tant en la maison,
Et l'ordinaire en est quelq̃ peu moindre.

Si

Si tous les iours comme incẽsé il crie,
Tempestatif, colere sans repos,
Faisant mestier de battre à tous propos,
Endure tout bien ayme qui chastie.

Si chargé d'ãs il s'accoustume au ieune,
Ne pouuant plus à la chasse trotter:
Tu sçais qu'il faut vieillesse supporter,
Sois patiente, apres le vieil vn ieune.

Si à prouuoir sa maison il ne pense,
En temps & lieu, du charbon, & du bois,
Tu n'en mettras pas tant à chasque fois
En ton fouyer, pour euiter despense.

Si tu pretens l'accuser d'auarice,
D'autant qu'il veut son argent espargner
C'est qu'il a eu de peine à le gaigner:
Ne t'en soucie espargne n'est pas vice.

Si soupçóneux il n'a ny goust ny grace,
Ne s'esmouuant pour gay, te caresser,
De ses faueurs, il te conuient passer:
Repose toy, tu en seras plus grasse.

Si à iouër son argent il s'addonne
Il a desir de riche deuenir:
Mais il ne veut iamais se souuenir,

Que

Que l'hôme droit ne fait tort à personne,
S'il est par fois chagrin & fantastique,
Il doit auoir quelque perfection,
Pour contrepoids de l'imperfection:
L'homme d'esprit est souuent lunatique.
Si de bône heure en soudaine maniere,
Il a son bien & le tien despendu,
N'en fais semblant, tu n'as pas tout perdu:
Tu t'es aidee à en faire grand chere.
Si par excés l'humeur froit le tourmête
Pour aller doux, il laisse le courir,
Ne te pouuant au besoin secourir:
Femme d'honneur de biê peu se côtente.
S'il ne faict cas d'ouyr ta remonstrance
Voulant tousiours à sa teste obeyr
Si mal luy vient, ne te vueille esbahir:
Côseil de fême est meilleur qu'ô ne pêse.
S'il a esté forgé du costé gauche,
Et toy limee à rebours de raison,
Vous n'aurez point de bruit en la maison
Quât à ce point vous viurés sâs reproche.
Quât vn sergêt mal plaisant le resueille
Luy commandant quelque debte payer,
S'il

S'il est fasché, ne t'en vueille esmayer:
Faute d'argent est douleur nompareille.

　　S'il va faignant vne folle simplesse,
En temps & lieu, il n'y a nul danger:
Asseure toy, que pour s'aduantager,
Il conuertit sa folie en sagesse.

　　Si sous son ongle vn glus tirât s'amasse,
Tu mangeras du gibier appresté:
Car par mal-heur l'hôme au droit arresté
Ne prend plus rien, s'il ne va à la chasse.

　　S'il est vn sot, superbe, sans doctrine,
Voila le train des ieunes maintenant,
Il paruiendra : mais qu'il soit souuenant
De parler peu, & tenir bonne mine.

　　Mais s'il dispute il tombera en frische,
Pauureté las! de quoy te fasches tu?
Tout le sçauoir n'y sert pas d'vn festu,
Il gaignera moyennant qu'il soit riche.

　　Si pensatif il s'adonne à l'estude
Il gaignera (sans risc) l'argent & l'or:
Tu garderas la clef de son tresor,
Prenant repos sans grand' solicitude.

　　S'il est soldat & amy de la guerre,
　　　　　　　　　　　　　　　Par

Par son respect on te respectera:
A son retour braue il t’apportera
Quelque ioyau venant d’estrange terre.
　　Si quelquefois le rume le tourmente,
Tel humeur vient ses poulmons arrouser:
Le reume peut à la mort s’opposer,
Couppant chemin à vne fieure ardente.
　　S’il est vexé d’vne morne paresse,
Il s’en ira de bonne heure coucher:
Tu ne craindras qu’il te viēne empescher
Le doux effect d’vne libre promesse.
　　Si impudent, sans mesure il se prise,
Entrant par tout comme vn audacieux,
Laisse luy faire il n’en vaudra que mieux:
A telles gens fortune fauorise.
　　Si affronteur il vante sa richesse,
Il te fera tousiours braue marcher:
Quant il s’ira par contrainte cacher,
Tu demeurras du biē d’autruy maistresse.
　　Si à mal faire hardy il se dispose,
N’estant iamais d’aucun bien desireux,
Pense qu’il n’est homme si malheureux,
Qui employé ne serue à quelque chose.

F I N.

CHANSON NOVVELLE

D'vn marchand lequel donna dix escus à son Facteur pour coucher auec sa femme, cependant qu'il alla coucher auec sa seruante.

Sur le chant, *Monsieur de Guise est à Poitiers.*

VN riche marchand estoit
D'vne ville mariniere,
Qui nuict & iour fringottoit
Iannette sa chambriere,
Qui pour vn coup quatre en rendoit,
Voila d'amour bonne maniere   bis
Quittant son lict à son varlet.

Ce marchant trop aueuglé
De l'amour de son ancelle,
Ainsi se vouloit reglé
En trompant sa femme belle
Qu'il a commise à son varlet,
Voila d'aimer façon nouuelle   bis
En donnant sa femme & son droit.

Ce marchant à descouuert
Toute l'affaire à Balaise,

En disant vien ça Robert
Mais il faut que tu te taise,
Tu celant le pot descouuert,
Voila l'amour plus chaud que braise.
Qui ne peut estre recouuert.

  Dix escus il luy promet
D'or de poix & de monnoye,
Si finement il se met
Pres de sa maistresse gaye,
Sans commettre le gros forfaict
Voila d'amour vne grand ioye
Si la dame tient son varlet.

  Le gentil galland ne faut
A se trouuer à la place
De son marchand fin & caut
En tenant bonne grimasse
Sans sonner mot ny bas ny haut,
Mais amour à la bonne grace
Incontinent sentit le chaut.

  La dame allonge son bras
Tout le long de la poitrine,
Du bon facteur & plus bas,
Que le nombril la pourmeine

Disant

Disant amy ne dormez pas,
Voila d'amour fort bonne mine
Quand le marchand est au pourchats.
　　Alors dist en soubz-riant
Ceste gentille maistresse,
Vous n'estes pas si friant
De ceste delicatesse
Amy comme estiez si deuant
Vn'amour vne allegresse
Qui cherche son contentement.
　　Le mignon sans dire mot
Sur sa maistresse se rue,
En monstrant qu'il n'estoit sot
Au mestier de la charrue
Ou n'y auoit contre ny soc,
Et l'vn a l'autre coups se ruent
De poinćte, de taille & d'estoc.
　　Ce combat fut si plaisant
A la marchande estonnee,
De voir vn tel combattant
Au gaillard camp d'Hymenee,
Tant fort tant roide & aduenant
Voila la maistresse estrenee

D'vn varlet de ce bon marchand.
Ainsi Balaise passa
Ceste nuict auec la dame,
Qui contente ne pensa
Sinon d'amortir la flame
Auec son mary pieça,
Voyla comment la gente femme
Sans y penser à faict cela.

Mais le marchand au matin
Retournant faisant la mine
Veut donner le picotin,
A son cheual non d'auoine,
Mettant la main sur le tetin
Disant ma chere souueraine
Donnez donnez m'en vn tentin.

Lors la dame à pleine voix
Dist amy que voulez faire,
Vous vous estes bien dix fois
Monstré brusque à cest affaire
Ceste nuict suffit pour vn mois,
Mais le marchand ne se peut taire
Qui la raison demande aux loix.
Son facteur il appella

Pour

Pour reparer ſon iniure,
Qu’il penſoit ceſte nuict la
Auoir receu du pariure,
Pour s’eſtre monſtré deſloyal,
Quand Cupido guide nature
C’eſt faict cognoiſtre treſloyal.

　　Le ſeruiteur appellé
De la commune iuſtice
Reſpond eſtant conſeillé
Venu ſon faict en notice
Qu’il auoit eſté deſpoüillé
De ſon honneur, & que ce vice
Sur le marchand feuſt redoublé.

　　La dame d’autre coſté
Se complaint de ſon outrage
Que ſon eſpoux r’aſſotté
Luy ioüoit en mariage
S’eſtant follement aheurté
A ſa Iannette ieune d’aage
Qui le col luy auoit preſté.

　　Le Iuge ayant apperçeu
Tout le point de la querelle
A le marchand micocu

Condamné deſſus ſa ſelle
A payer les promis eſcus,
En recompenſant ſon Ancelle
Et que iamais n'en parle plus.
　　Et que le facteur adroit
Pour chaſſer melencolie
Hors du logis ſortiroit
De ſa maiſtreſſe iolie,
Qui iour & nuict le regrettoit
Voyla d'amour la cherelie
Voila de Balaiſe vn bon traict.
　　Celuy qui feiſt la chanſon
C'eſt vn cheualier de chaſſe
Qui a perdu ſa rançon,
En beuuant de bonne grace
Auec vn gentil compaignon,
Voila comment la nuict ſe paſſe
Entre ma dame & ſon mignon.

FIN.

Chanſon nouuelle d'vne fille de bas eſtat qui
vouloit pour amour monter plus haut
qu'elle n'eſtoit pas.
Sur vn chant nouueau.

A Dieu

A Dieu ma dame par amour
N'obliez pas le temps pafsé,
Belle c'eft pour amour de vous
Belle c'eft pour amour de vous
Ie pers donc mes attentes
Puis que congé m'auez donné   bis
Dieu me doint patience.

    Puis que congé m'auez donné
Vous m'auez faict vn grand plaifir:
Auffi i'auois deliberé
De vous plaquer pour reuerdir
Belle eft bien vray ce que l'on dit
Qu'en vous n'y a qu'auarice,
Qui vous voudroit entretenir   bis
Faudroit qu'il fuft bien riche.

    Qu'il euft de l'or & de l'argent
Et de l'argent à grand foifon,
Qu'il euft de l'or & de l'argent
Pour vous tenir iolie,
Vous en auez le cœur bien haut   bis
Pour vne belle fille.

    Il y a long temps que vous ay veu
Auffi que ie vous ay cogneu,

Et aussi que vous ay cogneu
Tout d'vne mesme sorte,
Regardez bien & y pensez   bis
Dont vous estes sortie.

    Belle dequoy souspirez tant
Quand vous souuient du temps passé
Tous voz parens auons bien tort
De vous faire tant demeurer
Pour faire vne alliance
Belle de vous il ont grant tort   bis
Dieu vous doint patience.

    M'amie m'a faict vn bocquet
De violette & de muguet,
De lauande iolie,
De male mort puisse mourir
Qui m'ostera m'amie.

F I N.

Response de ma dame par amour.

A Dieu mon amy par amour
Oublier vous faut le temps passé
Car ce n'est pour l'amour de vous
Que si long temps i'ay enduré
Puis que congé auez trouué   bis
                        Dieu

Dieu vous doint patience
Car autre amy i'auois trouué
Et mieux à ma plaisance.

Si congé ie vous ay donné
N'en ayez pas grand desplaisir
Ie ne vous voulois abuser
Ie le vous auois souuent dict
Car en vous n'y a nul plaisir   bis
Ne aussi nul seruice,
Il faudroit plus pour vous seruir
Qu'il ne faut à vn prince.

Vn Prince qu'auroit de l'argent
Et de l'or à grande foison
Ne meneroit pas si grand train
Comme faict ce petit mignon,   bis
A l'endroit de ses filles,
L'on iugeroit bien à le veoir
Que se seroit vn Prince.

Il y a long temps qu'on vous a veu
De tous vous estes bien cogneu,
Vous n'auez pas le reuenu
Qu'il vous faille tel seruice
Ne vous mettez pas si auant,   bis

D 5   C'est

C'eſt à faire à vn prince.
Si ſouuent i'auois ſouſpiré
Ce n'eſtoit pour l'amour de vous
Car vn autre i'auois au cœur
Que i'aymois cent fois plus que vous:
Car en vous n'auoit nul recour,
Pour faire vn alliance,
Mes parens vous auez blaſmé
Voila la recompenſe.

FIN.

Chanſon nouuelle.

Ie ſuis paſſionné,
De l'amour de m'amie,
Car c'eſt la plus iolie
Que l'on ſçauroit trouuer.

Vous qui vous hazardez
De m'oſter ma brunette,
Voſtre temps vous perdez,
Car elle eſt m'amiette,
Et bleſſe vn chacun
Qui à ſon œil s'addreſſe,
Et d'autant qu'elle en bleſſe,

Elle

Elle n'en guerira qu'vn.
    Ie suis passionné.
    Mon Dieu que suis heureux
Vray Dieu que ie suis aise,
Quand son œil gracieux,
Et sa bouche ie baise:
Vrayement ie vous dis
Alors que ie l'accolle,
Il m'est aduis que ie volle,
Tout droict en paradis.
    Ie suis passionné.
    Adonc si vous voulez
Estre tousiours madame,
Il faut que vous brusliez
D'vne semblable flamme,
Ne croyez de leger
Des rapporteurs l'enuie,
C'est ce qui fait l'amie
D'auec l'amy changer.
    Ie suis passionné.
    Brune si l'on te dit
Que ie sois variable,
Point ne donne credit

                    A ton

A ton œil variable
Ta douceur qui me point,
La beauté de ta face,
Et ta diuine grace
Ne le permettent point.

Ie suis passionné,
Ie prise bien souuent
Et l'heur & la fortune,
De m'estre rendu seruant
D'vne tant belle brune.
Et si supplie à Dieu
Qu'il me face propice
De luy faire seruice
En toute place & lieu.
Ie suis passionné,
De l'amour de m'amie, &c.

FIN.

Chanson nouuelle, choisie des premieres
œuures de P. de Ronsard.

QVand i'estois libre ains que l'amour
cruelle,
Ne fut esprise encor' en ma moüelle:

Ie

Ie viuois bien heureux.
De toutes parts cent milles ieunes filles,
Se trauailloyēt par leurs flāmes gentilles,
A me rendre amoureux.
    Mais tout ainſi qu'vn beau poulain fa-
        rouche,
Qui n'a maché le frain dedans la bouche
Va ſeulet eſcarté,
N'ayant ſoucy, ſinon d'vn pied ſuperbe
A milles bonds foule les fleurs & l'herbe,
Viuant en liberté.
    Ores il cour le long d'vn beau riuage,
Ores il erre au fond d'vn bois ſauuage,
Ou ſur quelque mont haut,
De toutes parts les poutres haniſſantes
Luy font l'amour, pour neant blandiſſan-
    tes
A luy qui ne s'en chaut.
    Ainſi i'allois deſdaignant les pucelles,
Qu'on eſtimoit en beauté les plus belles,
Sans reſpondre à leur vueil:
Lors ie viuois amoureux de moy-meſme
Côtent & gay, ſans porter couleur bléme,
                              Ny

Ny les larmes à l'œil.
I'auois escrit au plus haut de la face:
Auec l'honneur vne aggreable audace
Pleine d'vn franc desir:
Auec le pied marchoit ma fantasie
Deçà delà sans peur ne ialousie
Viuant de mon plaisir.

Mais aussi tost que par mauuais desa-
stre,
Ie vy ton sein blãdissant comme albastre,
Et tes yeux deux soleils,
Tes beaux cheueux espanchez par ondees
Et les beaux lys de tes leures bordees
De cent œilletz vermeils.

Incontinent i'appris que c'est seruice,
La liberté (de ma vie nourrice)
S'eschappa loing de moy
Dedans tes rets ma premiere franchise,
Pour obeïr à ton bel œil fut prise
Esclaue dessous toy.

Et lors tu mis mes deux mains à la chef-
Mon col au cep, & mon cœur à la gesne
N'ayant de moy pitié,

Non

Nõ plus (helas) qu'vn outrageux Corſaire
(O fier deſtin) a pitié d'vn forſaire
A la cheſne lié.
    Tu mis apres en ſigne de conqueſte,
Comme vainqueur tes deux pieds ſur ma
      teſte
Et du front m'as oſté
L'honneur, la honte, & l'audace premiere
Accouhardant mon ame priſonniere
Serue à ta volonté.   (miſes
    Vengeant d'vn coup milles fautes com-
Et les beautés, qu'à grãd tort i'auois miſes
Par-auant à meſpris,
Qui me prioyent en lieu que ie te prie:
Mais d'autant plus que mercy ie te crie,
Tu es ſourde à mes cris.
    Et ne reſpõds non plus que la fontaine
Qui de Narci mira la forme vaine,
Vengeant deſſus le bord
Mille beautez des Nymphes amoureu-
      ſes,
Que ceſt enfant par mines dedaigneuſes
Auoit miſes à mort.
            F I N.

Chanson nouuelle.
Et se chante sur vn chant noūueau.

DES PORTES.

LA terre n'agueres glacee,
Est ores de ver tapissee,
Son sein est embelly de fleurs,
L'air est encor amoureux d'elle,
Le ciel rit de la veoir si belle,
Et moy i'en augmente mes pleurs.

Les bois sont couuers de fueillage,
De verd se pare le boccage,
Ses rameaux sont tous verdissans,
Et moy las priué de ma gloire
Ie m'habille de couleur noire
Signes douleurs que ie sens.

Les oyseaux cherchent la verdure
Moy ie cherche vne sepulture
Pour veoir mon malheur limité,
Vers le ciel ils ont leur volee,
Et mon ame trop desolee,
N'ayme rien que l'obscurité.

Ores l'amant sent dedans l'ame
L'effort des beaux yeux de sa dame,

Qui

Qui cauſe en luy mille deſirs
Il ſouſpire,& moy ie ſouſpire,
Mais la mort ſans plus ie deſire
Seule fin de mes deſplaiſirs.

　　Ores les animaux ſauuages
Courent les champs,boys & riuages
Rendus par amour furieux,
Moy ie me laſſe de la ſorte:
A dur regret qui me tranſporte
Et me faict maudire les cieux.

　　Or' on void la roſe nouuelle
Qui ſe deſcouure & ſe fait belle
Monſtrant au iour ſon teint vermeil,
Ou las!mon paliſſant viſage
Se ſeiche en l'Auril de mon aage
Priué des raiz de mon ſoleil.

　　Or' on void d'vne tiede halaine
Zephyre eſmouuoir par la plaine
Doucement les bleds verdoyans
Et moy ie ſens en mon courage
Mes ſouſpirs qui ſont vn orage.

　　Du ſoleil la face cachee
En hyuer or' eſt approchee

　　　　　　　　　E　　　　　　Et

Et monstre vn regard gratieux:
Mais ie hay la clarté diuine
Puis que l'astre qui m'illumine
Est or' eloigné de mes yeux.

Que me sert ceste saison gaye
Sinon de rafraischir ma playe
Quand ie voy les autres contens,
Puis que le ciel m'est si seuere
Qu'au milieu de la prime-vere
Ie suis priué de mon printemps.

Quand ie voy tout le monde rire
C'est lors que seul ie me retire
A part en quelque lieu caché,
Comme la chaste Tourterelle
Perdant sa compagne fidelle
Se branche sur vn tronc seiché.

Le beau iour iamais ne m'esclaire
Tousiours vne nuict solitaire
Couure mes yeux de son bandeau,
Ie ne voy rien que de tenebres,
Ie n'enten que des champs funebres
Seurs augures de mon tombeau.

La France en deux pars diuisee

De guerre n'aguere embrasée
Sent or' le doux fruict d'vne paix:
Mais las! nul fruict ie n'en r'apporte,
Car la guerre est tousiours plus forte
Entre mes pensers que iamais.

    Pensers qui font dedans ma teste
Vn bruit estrange, vne tempeste,
Et là dressent mille combats.
Mais tous à mon desauantage,
Car seul ie porte le dommage
Et la perte de leur debats!

    Las! qu'amour me rend miserable
Las! que le bien est peu durable,
Las! que le sort m'est rigoureux!
Las! que les dieux me font contraires
De m'accabler sous les miseres,
Quand ie pense estre bien heureux.

    Ah ciel cause de ma souffrance
He que n'ay ie au moins la puissance,
De me changer diuersement
En Cycne, ou en pluie dorée,
Pour voir la belle Citherée,
Qu'vn Vulcan garde estroictement.

E 2

Mais

Mais le ciel en vain i'importune
Le ciel chef de mon infortune,
Qui par vne trop dure loy
Me priue en viuant de mon ame,
Car quand ie suis loin de madame
Mon ame est absente de moy.   Fin.

Deploration des dames de la ville de la Fere
tenues forcément par les ennemis de la Re-
ligion Catholique, sur Dames d'honneur.

SVs sus regrets sortez de nos poitrines
Pour discourir nos douleurs & ruines
Et qu'vn echo, plourant nostre soucy,
Soit entendu par tout ce monde cy,
Que nos deux yeux soyent deux mers &
      fontaines,
Tesmoins certains de nos ameres peines
Pour de nos pleurs, esmouuoir l'vniuers,
A la pitié, oyant nos tristes vers.
      Que nos beaux iours ne soyent rien
      que tenebres,
Nos chants communs que mortelles fu-
nebres,
Sans que iamais, voire dans le cercueil,
      On

Qu puiſſe voir mourir noſtre grãd duell.
  Sus gemiſſons ſoubs l'habit noir nos
    pertes,
Ou bien de ſac tãt ſeulement couuertes,
Ainſi que fait delaiſſant ſon arroy,
Pour ſes pechez, le Niniuete Roy.
  N'auons nous pas grand raiſon de ce
    faire,
Eſtant és mains du cruel aduerſaire,
Qui nous borrelle, & qui de tous nos
    biens,
Veut diſpoſer, comme s'ils eſtoyent ſiẽs!
  Eſt-ce pas bien choſe aſſez deplora-
    ble,
De voir (helas) ſon haineux à ſa table,
Rire, chanter, & viure opulemment,
De ce qu'auions gardé ſoigneuſement?
  En noſtre lict quand il veut il ſe cou-
    che,
Faiſt noz maris aller à l'eſcarmouche,
Ou à la breſche encontre noſtre foy,
Pour reſiſter à Ieſus & au Roy.
  De nos threſors il fait grande largeſſe,

E 3

Et

Et en souldoye vne sotte ieunesse
Qui luy subuient soubs le nom du solda
A faire teste & garder le rampart.

Au lieu d'aller à nostre saincte messe,
Iournellement le huguenot nous presse
D'aller ouyr vn ministre mutin,
Prescheur criat de desiuner matin.

De nos deniers vne grande partie
A ia esté traistrement despartie,
Au Reystre noir afin de le saouler
A venir cy pour la France voller.

O cruauté, ô grande tirannie,
Faire manger soy-mesme sa patrie,
Aux estrangers, qui arrachent le pain,
Le viure aussi de nostre propre main.

Nos anciens auoyent en reuerence
Pour le pays combatre à toute outrance,
Et ces meschans se bandent contre luy,
Pour l'abismer en eternel ennuy.

Ils n'ôt en cœur que l'infernalle rage,
Et enyurez d'vn furieux carnage,
Prennent plaisir se seruir d'Atropos,
A nostre Eglise & à ses bons suppos.

Quand

Quand est de nous, nous n'auons autre
    viande
Que la complainte. en nostre douleur
    grande,
Et ne pouuons plus grand' ayde chercher
Qu'aux tristes pleurs pour la soif etācher.
  Des faux tirans, inhumains & infames
La plusgrād part des hómes & des fēmes
De ceste ville, ont voulu mettre hors,
Parce que tous n'estoyēt de leurs accors.
  Ils sont errans par villes & bourgades
Les vns chetifs, pauures & bien malades,
Les autres (las) de la faim agrauez   (uez.
Plusieurs chemins de leurs corps ont pa-
  Et nous (ô Dieu) qui foibles fēmelettes
Sommes icy, dedans nos maisonnettes:
Iournellement nous mourons mille fois,
Et en nos cris nous n'auons qu'vne voix.
  Nous voudrions bien venir à fin des
    monstres
Et leur filler mortelles mallencontres
Cóme vn matin pour sauuer les François
Ceux de Paris firent sur les Anglois.

E 4

Mais

Mais ces bourreaux lesquels sont de nos
　　membres
Maistrisēt (las) nostre ville & nos chābres
Veillent tousiours contre nous animez,
Et font le guet iour & nuict tous armez.
　　Ainsi pour vray d'vn cœur exēt de ioye
Nous n'attendōs qu'estre mises en proye
Par vn assaut, ou le brisant canon,
Foudroyera tout, & perdra nostre nom.
　　O ennemy outrageux & superbe,
Que tu nous fais estāt ieune & en herbe
Souffrir de maux, ô mal-heureux le iour
Que tu as faict en la Fere sejour.
　　Ne prēs-tu point sur les autres exēple
Qui mesprisant de Iesus Christ le temple
Le Roy aussi, furent en fin deffaicts
Dieu ne voulant endurer leur forfaicts.
　　Las! nous perdōs si belle remonstrāce
Il ne t'en chaut: ô dames de la France
Plorez, plorez, & nostre affliction
Vous face auoir de nous compassion.

F I N.

Chanson

Chanson nouuelle laquelle se chante sur le
chant de, La volte de
Prouence.

PVis donc que la paix est faicte
Retirez vous picquoriens
Et gardez vous de plus mal faire
Ny de plus desrober les biens
De ces bonnes & pauures gens
Que desrobiez tant sur les champs.

Et que chacun en besongne
Retourne prendre son mestier
Et plus le pays n'arrançonne,
Comme la pluspart faisoit:
Mais qu'on se métte à trauailler,
Et cela soit sans tant deuiser.

Soit la coignee ou la pioche,
Ou la faucille courbee,
Ou la serpe bien manchee,
Ou la charruë bien forchee,
Ou d'autre mestier d'artisant
Soit de cardeur ou tysserant.

De quel qu'il soit somme toute
Il s'y faudra adonner,

Et laiſſer toute ceſte trouppe
Qui ne fait que vagabonder,
Car peut eſtre ne pourroit durer
De vouloir viure & rien gagner.
    Nous verrons que les picquorees
Feront viure quelques vns
Et durer quelques annees,
En fin nous ſerons communs
Et faudra qu'ils prennent le chemin
De ne faire plus le Florentin.
    Si ie diſois qu'il n'en y a point d'autre
Sinon les pauure ſoldats,
Qui robent dictes vous autres
Cappitaines & ſergents,
Et gentils-hommes où eſtes vous
Auez menty me direz vous.
    Auſſi bien ſi vouliez dire
Que i'en vouluſſe blaſmer,
Toutes gens ie m'en retire
Tant que ie puis m'en garder
Et ne parle qu'à ces meſchans
Qui battoyent tant les bonnes gens.
    Mais la trouppe eſt bien petite

De ceux qui n'ont defrobé
Soit Huguenaut où Papiſte
Et qui ne s'y ſoit trouué,
Mais pour la fin Dieu leur pardon
Comme il fit au bon larron.   FIN.

CHANSON NOVVELLE DE

Parrenette la folle , & de Barnard ſon
amoureux.   *Parrenette parle,*

IE ſuis ta Parrenette
Et tu es mon Barnard:
Tu auras ma mottete,
Et i'auray ton tribard:
Couchez entre deux draps,
Embraſſez bras à bras,
Frotterons noſtre lard.   *Barnard.*

Tu es ma Parrenette,
Et ie ſuis ton Barnard,
I'auray ta mottelette
Tu auras mon tribard:
Couchez entre deux draps,
Embraſſez bras à bras,
Frotterons noſtre lard.   *Parrenette.*

Deſſus ma vertogallé,

Regar

Regardez y Barnard:
Ie n'y ay point de galle,
Mon cas est tout gaillard:
Couchez entre deux draps,
Embrassez bras à bras,
Frotterons nostre lard.

Barnard.

Regarde moy la hanche
Taste vn petit ma char
Et voy comme elle est blanche,
Sans drogue ny sans far:
Couchez entre deux draps,
Embrassez bras à bras,
Ie frotteray ton lard.

Parrenette.

Barnard le temps me dure,
Que ne soy à l'escard:
Pour oster ma froidure
De ton gros iaquemard:
Ou bien en quelque coing,
Sur quelque peu de foing,
Pour me frotter le lard.

Parrenette dist tout le reste.

Et

Et Bernard se souleilhe
A l'abry du boeyssou:
S'amie s'eimarueilhe
De sa grossa foeyssou:
Il heluy dy, Barnard:
Vou se tant bon garçou,
Frouta m'vn po mon lard.

Aquella demoeyzella
Ne fon que chigouta,
Faz on de la pioucella
Et se fon deycrouta:
Boeilhe me doc ma par,
Veny se mon Barnard,
Pouorte me ton tribar.

Haa y ou sey allassade
D'a que quot qu'est si bou:
Ho qu'a qu'elle hargazade,
Au ventre me sa bou:
Peun le menu treilhou,
De ton genty couilhiou,
Foué fla, fla, fla, glhiou, glhiou.

F I N.

Chanson

Chanson nouuelle laquelle se chante sur v[n]
chant nouueau.

O Dieu q̃ de trauaux ô q̃ des larme[s]
O que d'alarmes
I'endure viuement d'vne cruelle
Car quand dormir ie veux,
La belle aux beaux yeux
Vient qui m'efueille.

Il me fouuient encor belle maiftreſſe
De la rudeſſe,
Qu'vn iour me pourmenãt deuãt ta por[te]
Te voulant aduifer,
Et pour me mefprifer
Tu fis la morte.

Mais garde bien qu'amour ne s'en de[?]
Contre ton regne   (daig[ne]
Il t'oftera vn iour le fceptre que tu por[te]
Pour n'auoir eu pitié,
De la grande amitié
Que ie te porte.

Ce m'eft vn viure amer & fort eftrang[e]
Quand ie ne mange
Sinon de tes gros mots pour nourriture,
Bref

Bref belle ie ne sçay   bis
Ny peine ny essay
Que ie n'endure.
    Et ce traistre guerrier duquel la veuë
Est incogneuë,
Et si nous voit la nuict sans feu ne torche
Si tost qu'il l'eut vizé   bis
Ie fus martyrizé
Au costé gauche.
    Belle il touche à vous d'oster la fleche
Qui faict la bresche,
Ou si de la oster amour vous garde
Au moins poussez ce dart,   bis
Percez de part en part
Ce cœur malade.
    I'aymerois mieux cent fois estre soubs
Qu'en ceste guerre,   (terre
Estant desia vaincu sans esperance
D'estre victorieux   bis
Car contre vos beaux yeux
Nul n'a puissance.
    Belle ie ne crois pas que i'aye affaire
Vn purgatoire,
                      Car

Car celuy qui a faict, ciel terre & l'onde
Sçait que i'en ay souffert,   bi
Estant vostre bref serf
En ce vieil monde.

   A Dieu maistresse, à Dieu, peu tar
Que ie ne meure,   (l'heur
I'ay ia faict deux souspirs, l'autre est pro
Ie mourray tu viuras   bis   (che
Mais belle tu auras
Tousiours reproche.
F I N.

Chanson nouuelle, sur vn chant nouueau.

O Beau laurier que n'ay ie cóme vou
  D'vn arbre dur l'insensible racin
Pour ne ressentir plus les coups,
Dont l'amour brusle ma poictrine.

   Que Daphne se cacha bien vn iour,
Fuyant Phebus sous vostr' escorce tēdre
Moy ie ne puis fuyr l'amour,
Ny m'en cacher, ny m'en defendre.

   De vostre chef l'immuable printēps,
Maugré

Maugré l'hyuer inceſſamment verdoye:
Moy ie ne verdoye en nul temps,
Ny pour l'eſpoir, ny pour la ioye.
	On dit laurier que le fouldre enuoyé
Par Iupiter iamais ne vous offence,
Mais mon cœur eſt tout foudroyé
Des flammes qu'vn bel œil eſlance.
	Heureux laurier quand le feu vous at-
		tainct,
En vous plaignãt, voſtre fueille craquette
Et moy bruſlant ie ſuis contrainct
De tenir ma flamme ſecrette.
		F I N.

Chanſon nouuelle, ſur vn chant nouueau.

L As ma mere ie ne puis
  Paracheuer ma fuſee:
Car tant perdue ie ſuis
D'vn doux baiſer abuſee.
	Secourez moy ſi ie ne ſuis mariee
		C'eſt faict de moy.
	Lors que ie penſe ſaiſir
			F		Ma

Ma quenoüille & mon ouurage,
Il me prent vn fol desir
Qui m'en oste le courage.

Secourez moy si ie ne suis mariee
C'est faict de moy.

Ie ne sçay que c'est d'amour
Ny dequel bois il se chauffe,
Mais ie sens bien nuict & iour
Vn petit feu qui me chauffe.

Secourez moy si ie ne suis,&c.

Maintenant tant soit il prest
Faire espandir la Rose,
Iamais mon sommeil ne croit
Car ie ne dors pas encore.

Secourez moy si ie ne suis,&c.

I'ay veu le temps que iauois soing,
De tous banquets & dances,
Mais maintenant ie cognois
D'où prouient ma doleance.

Secourez moy si ie ne suis,&c.

Ceux qui me voyent ainsi
Pensiue & langoureuse,
Disent que i'ay du soucy,

Ou

Ou que ie suis amoureuse.
    Secourez moy si ie ne suis,&c.
Ie sens desia mon tetin s'enfler
Plus que de coustume,
Et rechanger son bouton
En danger d'vne apostume.
    Secourez moy si ie ne suis,&c.
Et plus bas dont ie me dueil,
A vn lieu si fort estrange:
Ce n'est vn bord de cheueux,
Que sans cesse m'y demange.
    Secourez moy si ie ne suis,&c.
Et plus encor depuis trois mois
M'a prins vn mal soubs la hanche,
Qui m'a desia par trois fois
Gasté ma chemise blanche.
    Secourez moy si ie ne suis mariee
    C'est faict de moy.
Las ma mere dites moy
Vous qui auez cognoissance
D'où vient ce mal qui me point,
Et d'où il prend sa naissance.
    Secourez moy si ie ne suis,&c.

Par vn Dimanche matin
Ie m'en allois à la meſſe,
Vn ieune enfant print chemin
Pour m'y voir dedans la preſſe.

 Secourez moy ſi ie ne ſuis,&c.

Ma mere il eſt tant beau
Et à l'œil ſi debonnaire,
Reluiſant comme vn flambeau
Ou comme vne eſtoille claire.

 Secourez moy ſi ie ne ſuis,&c.

Ie leuay mes ieunes pas,
En l'Egliſe aſſez d'audace
De prendre garde à ſes pas
Le regarder en face.

 Secourez moy ſi ie ne ſuis,&c.

Mais d'ou vient qu'à vn moment
Ie me ſuis deliberee
De m'habiller proprement
Pour paroiſtre mieux coiffee.

 Secourez moy ſi ie ne ſuis mariee
 C'eſt faict de moy.

F I N.

Chanſon

*Chanſon nouuelle, ſur le chant, La parque
ſi terrible, &c.*

QVi d'vne maladie
N'a le faix ſupporté
Penſe toute ſa vie
Iouyr d'vne ſanté:
Ne craignant deuenir
Malade à l'aduenir.

Mais c'eſt trop grand ſimpleſſe
D'auoir tel penſement,
En fin le mal oppreſſe,
Et voyons clairement
Le mal rendre plus vain
Cil qui eſt le plus ſain.

Qui d'amour le ſeruage
N'a experimenté,
Penſe paſſer ſon aage
En toute liberté,
Se mocquant glorieux
Des pauures amoureux,
Mais, ô vaine eſperance
Cupidon toſt, ou tard
Foulant l'outrecuidance

Luy fait sentir son dard,
Rendant le malheureux
Plus qu'autre langoureux,
La chose est fort expresse.

Qu'on dict communement
Qui n'ayme en sa ieunesse
Sera finalement
Contraint sur ses vieux iours
De vacquer aux amours.

Si d'Amour la puissance
S'estend sur tous les cieux,
Aurons nous esperance,
Dictes en ces bas lieux
Euiter de l'amour
Les assauts nuict & iour?

Pluftost la mer immense
Sans poissons on verra:
Et au ciel d'excellence
Oyseau n'habitera:
Pluftost printemps sans fleurs
Et l'esté sans chaleurs.

Pluftost l'hiuer sans glace,
Pluftost le Soleil beau

Au ciel

Au ciel ne tiendra place,
Et de son clair flambeau
La lune qui reluit,
N'esclairera la nuict.

Que Cupidon se lasse
Ny la nuict ny le iour
En ceste terre basse
De descoucher, tousiours
Nous sentons les effects
Terribles de ses traicts.

Cil qui de sa nature
Est grossier mal appris,
Sera, c'est chose seure,
Par le fils de Cypris
Rendu courtois & doux
Bien agreable à tous.

Il r'emplit d'hardiesse
Vn cœur lasche & craintif,
Et fourny de finesse
Sont plus sot apprentif:
Il rend par ses efforts
Les foibles assez forts.

C'est luy qui met la guerre,

Qui

Qui faict la paix aussi,
Qui ioye au cœur enserre,
Qui remplit de soucy:
Qui nuit & faict support,
Qui donne vie & mort.
　Ne prouoquons donc l'ire
De ce Dieu porte-dardz:
Qu'vn chacun se retire
Dessoubs ses estendartz:
Il faut pour abreger,
A l'amour se ranger,
Chanson va t'en agile
A sainct Symphorien
Aux filles de la ville
Leur dire que suis bien
(D'elles me souuenant)
Leur fidelle seruant.

FIN.

Chanson nouuelle de la Cassandre, sur vn
chant nouueau.

BElle Brunette
Trop aimer ne vous puis
Vous estes honneste

Dont

Dont à vous du tout suis.
   Helas Caſſandre
   Fay moy vne faueur
   Et de bon cœur
   Te ſeray ſeruiteur.
Vous eſtes belle
Reſſemblez le ſoleil
Voz claires eſtoilles,
Qui eſclaire à mon œil.
   Helas Caſſandre.
Ie ne deſire
Ailleurs eſtre eſclairé,
Et point n'aſpire
D'eſtre tant honnoré.
   Helas Caſſandre.
Ta gentilleſſe
Et ta perfection
Faict que ſans ceſſe
On te porte affection.
   Helas Caſſandre.
Si permets que ie touche
D'vn baiſer amoureux
Ta belle bouche,

Que ie seray heureux.
   Helas Cassandre.
La nuict ie veille
Quand ie dois sommeiller
Le iour sommeille
Quand ie voudrois veiller.
   Helas Cassandre.
Ne font tes graces
Que nuire incessamment
En toutes places
En veillant & dormant.
   Helas Cassandre.
Ie part de terre
Pour m'en voler aux cieux,
Quand considere
Ton regard gracieux.
   Helas Cassandre.
Ie croy qu'au monde
Il ne peut auoir rien
Qui vous seconde
En honneur & en bien.
   Helas Cassandre.
Bref ie suis voltre,

Et tant que viuray
Iamais nul autre
Autant ie n'aymeray.
    Helas Caſſandre
    Fay moy vne faueur
    Et de bon cœur
    Te ſeray ſeruiteur.
      F I N.

Reſponce de la Caſſandre.

IE ſuis Caſſandre
Qui eſt deſcendu des Cieux
Pour vous reſpondre
A vous autres meſſieurs
Pour vous reſpondre
Entendez la façon
Petit mignon
Entendez la façon.
    Pour vous reſpondre
Ie vous prie remarquer
Que ſuis Caſſandre
Qui cherche du papier,
Vne eſcritoire
Pour eſcrire vos noms

Petis

Petis mignons
Pour escrire voz noms.
　Tost ie m'aduise
Ne faut point du papier
Ne d'escritoire
L'on vous cognoit assez
I'en suis marrie
D'où l'on cognoit vos noms
Petis mignons
D'où l'on cognoit vos noms.
　Ie suis certaine
Iour & nuict sans cesser,
Que parmi la ville
Vous battez le paué,
Au coing des rues
Vous faictes des chansons,
Petis mignons
Vous faictes des chansons.
　Chansons lubriques
Chantez d'affection
Des pauures filles
A tort & sans raison,
Ie suis Cassandre,

Qui en auray la raison
Petis mignons
Qui en auray la raison.
   Car i'ay la fleche
Qui tire à vn seul but
Point ne decoche
Pour tirer à mon but,
Mon esperance
Et mon affection
Petit mignon
Et mon affection.
   Toute Brunette
Ne suis pres pour le voir,
Et suis certaine
Qu'il n'aura pas cest heur
De voir l'estoille,
Qui esclaire à mon front
Petit mignon
Qui esclaire à mon front.
   Quant à la brosse
Nous en parlions au soir,
Point ne s'approche
Pour toucher mon coulet

Ny autre chose
A son affection,
Petit mignon
A son affection.

Ma sœur Caſſandre
Vous auez aſſez dit,
Permettez moy
Que ie parle vn petit,
I'ay grand' enuie
De leur faire leçon
Petit mignon
De leur faire leçon.

I'ay grand enuie
De leur faire vn preſent,
I'ay des dragees
Du ſuccre largement,
Et des orenges
Groſſes comme melons
Petis mignons
Groſſes comme melons.

Encores que de ce
Il nous donne de gans
Leurs fieures cartaines

Achep

Acheptez à Rouan
De recompenfe
Nous leur en donnerons
Petis mignons
Nous leurs en donnerons.
	Qui fit la chanfonnette
Ie vous fais affauoir
Qu'elle s'appelle
En filant fou rouët
'honneur des filles,
t en affection	Petit mignon
Et en affection.

F I N.

hanfon nouuelle, faicte contre ceux de Liuron, Sur le chant, Ils font fortis de Nifmes
cinq cens, &c.

REndez-vous or' canailles,
Rebelles de Liuron
Aux pieds de vos murailles
Menerons les Canons:
Qui de grande furie	bis
Battans de toutes pars,
Abbatront vos rampars.

Vos

Vos forts & casemattes
Ne vous seruiront pas
Au son de vos trompettes
Ne vous sauuerez pas,
Ny vostre artillerie,
Nous ne la craignons pas,
Ny voz meilleurs appas.

Quand serez à la bresche,
La voulant remparer,
Aurez des prunes fresches
Pous vous accourager,
A vostre infanterie,
A vos cheuaux legers,
Branslerons les pruniers.

La colation s'appreste,
Pour vn bon desiuner,
D'vne façon modeste,
Pour vous refectionner:
Des prunes muscatelles
Vous serez saluez,
Aupres de vos tranchez.

Vous voyez vn exemple,
Mesme deuant vos yeux,

Chacun de vous contemple,
La malice de ceux
Qui eſtoyent dans la Mure,   bis
Et vouloyent tenir bon,
Auecques leur Canon.

    Prinſe eſt leur Citadelle,
Et leur fort eſperon,
Et leur guerre cruelle,
Ne ſert à l'enuiron,
Bas ſont les volleries,   bis
Qu'ils faiſoyent aux marchans,
En ce lieu, ces meſchans.

    Vous faites encores pire,
Que tous vos compagnons,
Car au Roy noſtre Sire,
Vous detenez Lyuron:
Et vous monſtrez rebelles,   bis
Au Roy voſtre Seigneur,
Auquel deuez honneur.

    Vous tenez les paſſages
Pour ruiner les marchans,
Leurs faiſans tous outrages,
Et oſtant leur argent:

G

Apres

Apres leurs marchandiſes,
Leurs vies quant & quant,
Endurant grand tourment.

N'attendez faire breſche,
Rendez vous de bon cœur,
Car noſtre armee eſt fraiſche,
Qui vous fera grand peur,
Nous irons de furie,
De bon cœur à l'aſſaut,
Entrant tous d'vn plein ſaut.

Vous verrez les alarmes,
Que nous vous donnerons,
Auecques force d'armes,
Dedans nous entrerons,
Vous cognoiſtrez la force,
De noſtre tres-bon Roy,
Qui maintient noſtre foy.

Puis dans Drome riuiere,
On fera voz tombeaux:
Ou bien à la voirie,
Vos corps pour les corbeaux,
Où ils feront grand chere,
Et les chiens enragez,

Deſquels

Desquels serez mangez.

Ayez donc souuenance,
Du sauueur Iesus Christ,
Aussi du Roy de France,
Dechassant l'Antechrist:
Inuocant Sainéts & sainétes,   bis
Qui sont en Paradis,
D'où vous estes demis.

Qu'a faiét la chansonnette,
Sont deux braues soldats,
Estans en leur chambrette,
Attendant le despart:
Priant Dieu par sa grace,   bis
Qu'entrent dedans Lyuron,
Tous les soldats, d'vn front.

FIN.

Chanson nouuelle de la ville de la Mure, com-
posee par vn Seigneur qui estoit au Siege &
prinse d'icelle. Et se chante sur le chant
de la Ligue.

R Endez vous rendez Messieurs de la
    Mure,
Ne nous faiétes plus coucher sus la dure,

 Sans

Sans estre si endurcis,
Rendez vous tous aux mercis,
De nostre prince tref-doux,
Qui vous pardonnera à tous.

Pauures infenfez, vous faictes la guerre
A celuy qui tient le frein du tonnerre,
Et puis fans foy, & fans loy,
Vous irritez voftre Roy:
Si vous ne vous auifez,
Vous ferez tous maffacrez.

Defia vous voyez (ô pauure canaille)
Nos foldats logez fur voftre muraille,
Faites fuir les corbeaux,
Ils feront de vous morceaux,
Apres que vous ferez morts,
Ils fe paiftront de vos corps.

Voz murs, voz rampars , & voz forte-
reffes,
Ne nous garderont de faire des brefches,
Et cognoiftrez à l'affaut
La valeur de Liuaraut,
Sacremor,& fes foldats,
Forceront tous voz rampars.

La Nobleſſe auſſi ira de furie,
Pour mieux ſouſtenir noſtre infanterie
Monſieur de Tauanes prompt,
Sautera dans l'eſperon,
Et redoublant ſon effort,
Mettra voz ſoldats à mort.

   Alors vous verrez de grãds ſacrifices,
Puis en deſcendant aux champs Plutoni-
       ques,
Vous ſentirez le tourment,
Du Vautour du chien gourmand,
Vous ſentirez les douleurs,
Des infernales fureurs.

   Aſpremont premier, ſortez de la ville
Vous qui commandez, venez à la file,
Les Diguieres vous promet,
Morges, Blaſcon, Gouuernet,
De bien toſt vous ſecourir:
Mais nous les ferons mentir.

   N'ayez plus recours à la citadelle:
Mais vous reſoluez de ſortir d'icelle,
Dixhuict doubles canons,
Vous battrons vos eſperons,

G　3

Et de

Et de quatre cens pionniers,
Nous ferons de beaux terriers.
  N'esperez iamais q̃ l'hyuer nous chaſſe,
Nous ſommes armez encontre la glace,
Nous auons de bons manteaux,
Qui s'oppoſeront aux eaux :
La mort pluſtoſt vous viendra,
Que l'hyuer ne nous prendra.
  Car le Dieu du ciel qui nous donne
    force,
Mettra dans noz cœurs vne viue amorte,
Il nous encouragera,
Et de vous nous gardera,
Et par nos glaiues tranchans,
Il vaincra tous les meſchans.
  Sus donc ô ſoldats, ne craignez la peine,
N'abandónez pas noſtre Duc du Mayne,
Suiuez touſiours valeureux,
Mandelot le genereux,
Qui ſeruiteur de ſon Roy,
Combat pour la ſaincte foy.
  Monſtrez vous François rẽplis d'har-
    dieſſe,

Prenez vos harnois,& fendez la presse:
Terraſſons tous ces mutins,
Qui ſont chargez de butins,
Du payſan vilager,
Qu'ils ſont allé fourrager.
　　　Teignons dans leur ſang noz armes
　　　　　tranchantes,
Et coupons le fil des vies meſchantes,
Dont ils ont les corps remplis,
Et chaſſons tous les eſprits,
Dans leurs enfers tenebreux,
Dont l'huys eſt ouuert pour eux.
　　Et puis nous ſerós nobles par les armes
Priſez d'vn chacun, careſſez des Dames,
Vn chacun nous benira,
Et nous beniſſant dira,
Voyla ce fier bataillant,
Qui s'eſt monſtré fort vaillant.

F I N.

Chanſon nouuelle de la reductiõ de Carma-
gnolles & Marquiſat de Saluces en l'o-
beyſſance du Roy. Sur le chant, Quand ce
beau printemps ie vois,&c.

G　　4

Ré

REsiouyssons nous François,
Cette fois,
Le Piedmont & l'Italie:
Car la paix est de retour
Sans seiour,
Chantons tous ie vous supplie.
Long temps a qu'on l'attendoit
A bon droit,
Maintenant elle est venue:
Dieu nous faut remercier,
Et prier
Qu'à tousiours soit maintenue.
Carmagnolles tu tremblois
Aux abois
D'vn voleur, qui par finesse
Ton chasteau auoit saisi
Et raui,
Mais il faut qu'il le delaisse.
Salluces resiouys toy
Sans esmoy:
Tout le Marquisat ensemble:
Car l'orgueil est mis à bas
Sans combats,

Tu vois que Anselme tremble.
     La Valette l'a attaint,
Et contraint
De quitter la forteresse,
Au grand Mareschal de Rets,
Sans arrest,
Plus ne vous fera oppresse.
     Les Plutoniques fureurs
Des voleurs
Sortiront de nostre France,
Picorees & larrecins
Assassins,
Ne seront plus en puissance.
     Contrescarpe & bastions
Gabions,
Malgré la fureur guerriere,
Qui conduisoit le plus fort
A la mort
Seront tous mis en arriere.
     Car nostre Prince tres-bon
De ce nom
Henry nommé le troisiesme
De Valois, & son conseil

G 5

Nom

Nompareil,
Nous veut retirer de peine.
    Triompher verrons sous luy
Sans nul si,
L'eglise apostolique,
Repurgee des malheurs,
Et erreurs
Qu'auoit semé l'Heretique.
    La noblesse d'vn bon cœur
En honneur
Obeyra à son prince,
Le suiuant de cors & biens
Comme siens,
En luy gardant sa prouince,
    La iustice regnera,
Et fera
Qu'on ne souffrira iniure,
Artisans ioyeux seront
Quand verront,
Priser leur manufacture.
    Les laboureurs & marchans
Sur les champs,
Yront sans aucune crainte

Voyage

Voyager, & pres & loing
Sans nul soing
Hors de danger & contrainte.
　　Rebelles chastiez vous,

Venez tous
Supplier le Roy de France,
Vous pardonner vos malfaicts
Ords infects,
Et vous aurez indulgence.
　　Picardie & Perigueux,

Tous ces gueux,
Chassez loing en Allemagne,
Qui troublent tout l'vniuers
Par leurs vers,
Ce ne sont que brigandaille.
　　Languedoc tu es heureux,

Si tu peux
Retourner à ta franchise,
Delaisse moy ces ligois
Dauphinois,
Recognois Dieu & l'Eglise.
　　Liuron, Gap, & sainct Vincent

Maintenant

Ne demeurez en arriere,
Rendez vous à la mercy
De Henry
A l'exemple de Voluere.

F I N.

Chanson nouuelle d'vn ieune homme de ceste
ville, & se chante sur le chant,
Il y a vn Clerc.

VN homme de ceste ville
Homme d'apparence gentille
Mignard poupin & blondelet.

Qui pour sa compaigne & partie
A pris vne dame iolie
Mais vn Cocu elle l'a faict.

On va disant auant la ville
Qu'il est cause que sa partie
A prins a cœur vn tel souhait.

Ceste pauure femme fragille
Criant son cœur pleure & souspire
Se proposa iouër vn traict
A ce mignon qui la batoit.

Vn soir aduint entre cent mille
Que deuisant à vne fille

Qui

Qui sa proche voisine estoit
Que du pays voir il vouloit.
     Le mary pleure & souspire
Du despart de sa grand' amie
Mais dont son reconfort estoit
Que d'aillieurs se pouruoiroit.
     Sa chambriere bien gentille
Il caresse il aime & supplie,
Et tant luy a fait & refaict
Qu'vn bel enfant il luy a faict:
     Ceste chambriere iolie
De ce depart n'est trop marrie:
Sa maistresse ne souhaittroit
Qui d'ailleurs fourbir se faisoit.
     Bref ceste femme & ceste fille
De reuenir ont prins enuie
Apres auoir bien voyagé
Et y auoit six mois passé.
     Sont asseurez en ceste ville
Pour d'vne cautelle subtile
Se retirer à sauueté,
Mais le sort sur eux est tombé.
     Leurs parens de grand fascherie

Sont

Sont allez de fureur agile
Au commissaire du quartier
Pour leans les faire loger.

Dieu par sa bonté infinie
Leur doint la grace de bien viure
Mieux qu'ils n'ont faict par le passé,
Et que iamais n'en soit parlé.   FIN.

Chanson nouuelle, De la prise du Chasteau-
double en Dauphiné, au moys de Mars
1579. Sur le chant de petit Rossignolet sau-
uage, &c.

ROssignolet des boys sauuages,
Qui chantez si mignardement,
Allez suiure tous les passages,
Et dites le bannissement
  De celuy qui par mons & vaux,   bis
  A faict vn million de maux.

C'estoit vn qu'on nommoit la Prade,
Qui dans Chasteau-double estoit,
Accompagné d'vne brigade
Mieux logé qu'il ne meritoit,
  Car de tous les plaisirs mondains bis
  Ils en auoyent entre leurs mains.

D'ail

D'ailleurs la place eſtoit ſi forte,
Que chaſcun eſt fort eſtonné,
Comme il s'eſt rendu de la ſorte,
Sans que le Canon euſt donné,   bis
   Deux mille coups encor c'eſt peu,
   Pour la fortereſſe du lieu.
Car de bled, de vin, & farine,
Y en àuoit ſuffiſamment,
De l'eau, de chair & poudre fine   bis
Et de l'auoine honneſtement,
   L'occaſion de leur malheur,
   Ce fut d'auoir bon cœur.
Il y en a qui veulent dire,
La cauſe, qu'il s'eſt rendu
C'eſt pource qu'on luy fiſt eſcrire,
Pour entendre le deſaueu,
   Deſdiguieres & ſes ſuppots,
   Leſquels luy tournoyent tous le dos
Mais il faut croire le contraire:
Car c'eſt Ieſus Chriſt tout-puiſſant
Oyant la plainte populaire,
Aueugla ce loup rauiſſant
Qui fut en fin abandonné,

De

De ceux qu'a luy c'eſtoient donné
Voila qui peut ſeruir d'exemple
A beaucoup de pauures ſoldats,
Qui pour la cauſe ont mis en branle
Leur vie en mille hazards,
    Et au lieu de les ſecourir,
    Taſchoient de les faire mourir.
Vn tas de chefs, de celle cauſe,
Qu'on à veu n'auoir pas ſix blancs
Il faut qu'aſt'heure dire i'oſe,
Parlent à milion de francs,
    Et le pauure ſoldat n'aura,
    Que l'eſpee tant qu'il viura.
Ie leur demande en conſcience,
D'où eſt ſorty ſi grand threſor,
Et s'ils n'ont du peuple de France,
Dedans leurs cœur quelque remord
    D'auoir mis, & tout à plat,
    Tous ceux qui ſont du tiers eſtat.
Ne cognoiſſez vous pas la game
Et la ruze de tels galans,
Qui vous viennent dire mon ame,
Ie viens d'eſtre aduerty des grans,

Que

Que pour bien nous entretenir,
Il faut en armes nous tenir.
S'ils ne vsoyent de tels langages,
Leur marmitte ne boüilliroit,
Ils ne mangeroyent de potages
Si gras, car chacun cognoistroit
La finesse & meschanceté,
Que contre nous ont comploté.
Mais pour leur conte faire rendre
Vous qui estes de leur party,
Deuez l'vn apres l'autre prendre
En leur disant ça mon amy,
Partageons vn peu des deniers,
Qu'auez manié à milliers.
Le soldat pourra alors dire,
La plus petite part ie tiens
Comme tu vois si tu sçais lire,
Pour le vray naturel des chiens:
Car ou il y en a des gros,
Les petits n'en ont que les os.
Compagnons si nous estions sages
Entre tous nous embrasserions
Ie dis les villes & villages,

H   Et

Et trestous ensemble boyrions,
  Comme voysins & bons amis,
  Demeurerions tous biens vnis.
Celuy qui la chanson à faicte,
Ne vous veut pas dire son nom
Combien qu'il vous estoit en teste
Auant qu'on tirast le canon,
Il ne souhaitte que d'auoir
Moyen faire seruice au Roy.

FIN.

Chanson uouuelle plaisante & recreatiue,
Sur le chant, Sçauez vous ce
que ie desire.

VOus ne voyez ce que i'endure
  Pour vous aymer loyallement,
Et souffrez tousiours que ie pleure,
Sans point alleger mon tourment.
  Mon cœur rauy de vostre veuë,
M'esclaua sous les loys d'amour
Estant blessé à l'impourueuë
Par voz beaux yeux source du iour,
Esclairans à l'amant fidelle
Soleil de sa vie & vigueur,

Parce

Parce ne soyez plus cruelle,
Mais allegez ma grand langueur.
        Vous ne voyez.
    Vn amant est tousiours sans cesse
Apres sa beauté poursuiuant
Afin de seruir sa maistresse,
Pour la voir du tout aisement:
Mais ie ne puis guerir la flamme,
Ny refrescher aucunement
Sinon les douceurs de madame,
Procedant d'elle mon tourment.
        Vous ne voyez.
    Le grand thresor qu'est en son ame,
Et dans son cabinet enclos
Ce n'est finance qui m'enflamme
Ny qui empesche mon repos:
Car la douceur de son œillade,
Et de ses beaux diuins propos
Me sert plus en ioye & en garde,
Que tous les biens qui sont declos.
        Vous ne voyez.
    Pour comparaison de sa grace,
Et vouloir ses vertus nombrer,
            H   2   On

On eſtime du tout Orace,
Par les ſageſſes eſprouuer:
Mais il n'y a homme ſur terre
Qui le peut iamais raconter,
Il eſt comme Paris en guerre,
Qu'on ne treuue point ſon pareil.
Vous ne voyez.

Ie m'esbahys ſi les hommes,
Prennent d'elle leur paſſion,
Tant par ſes yeux que par parolles
Sont enclins à ſa deuotion:
Veu que les cieux comme ie penſe
Voudroient bien deſcendre des cieux
Pour luy faire la reuerence,
Voyant qu'ils ſeroyent beaucoup mieux.
Vous ne voyez.

Bref il n'y a homme qui viue
En tout ce monde ſi conſtant,
Que lors qu'il voit qu'elle arriue
Ne ſoit eſtonné à l'inſtant:
La voyant du tout ſi parfaicte,
De mille amours que va ſemant,
Bien-heureux celuy qu'elle arreſte,

Le

Le receuant pour son amant.
FIN.
Chanson nouuelle, sur le chant, Tout rit
par les montagnes.
Demande d'vn seruiteur à sa maistresse.

MA maistresse si belle
Ie vous suis si fidelle,
Vous aymant de bon cœur
Ie vous suis seruiteur.

　Tant que seray sur terre
Voz yeux me feront guerre:
Et iusques au cercueil
Leur seray seruiteur.

　Amour & sa nature
Ne veut que soyez dure:
Mais auecques douceur
Voir vostre seruiteur.

　Par ses chaudes flammesches
Il m'a tiré ses flesches:
Et a nauré mon cœur,
Me rendant seruiteur.

　Dont soyez asseuree
Que vous estes aymee:

Seruie en tout honneur
Par voſtre ſeruiteur.

Madame ie vous prie
Que n'en ſoyez marrie:
Mais durant voſtre fleur
Aurez vn ſeruiteur.

Lors que ſerez fletrie
Ne ſerez plus m'amie
N'ayant plus de vigueur
Pour voſtre ſeruiteur.

FIN.

Reſponce de la maiſtreſſe au
ſeruiteur.

MOn ſeruiteur fidelle,
Si m'aimez d'vn bon zele:
Sans aſpirer autre heur,
Tu ſeras mon vainqueur.

Si mes yeux te font guerre
Et dans mes liens t'enſerre:
Ceſſant toute rigueur
Tu ſeras mon vainqueur.

Puis que tu ſens les breſches,
Qu'au cœur t'ont fait mes fleſches:

Voyant

Voyant ta grand langueur,
Tu feras mon vainqueur.

  Quelquefois, de nature,
L'amitié eſt fort dure
Mais prenant ſon ardeur
Tu feras mon vainqueur.

  Amy croy & t'aſſeure,
Que ie pleins que tu endure:
Et ſans grande longueur
Tu feras mon vainqueur.

F I N.

Chanſon nouuelle de la complainte qu'ont
fait les habitans de la Charité ſur la priſe
de ladicte ville, ſur le chãt, Tremblez pau-
ure Verdun, &c.

O Malheur de vous dire
  L'heure qu'entrepris ont
De au Roy contredire
Par nos rebellions,
Reſiſter ne penſions
Encontre ſa puiſſance:
Mais tous nous remettons
Sous ſon obeiſſance.

Si au Roy noſtre maiſtre
La ville ne rendons
Pis nous en pourra eſtre.
Car maints coups de canons,
Courront és enuirons
Des murs de noſtre ville
Cela point n'attendons
Mais rendons luy la ville.

     Si nous tenons d'audace
Comme eſtoit propoſé
Il rendra ceſte place
Et circuit tout briſé
Mais i'ay bien aduiſé,
Freres ſans contredire
D amitié la laiſſer
Au Roy noſtre cher Sire.

     De deſſus les murailles
Ie vois par monts & vaux
Gendarmes qui trauaillent
A courſe de cheuaux
Leſquels nous tiennent enclos,
En attendant leur force,
Pour nous & noz ſuppoſts

Faire

Faire mourir à force.

   Ia est l'artillerie
Preste de nous sommer
Que de grande furie
Nous viendra assommer
Rendons la Cherité:
Le Roy nous fera grace,
Car suiuant l'equité,
Ce n'est à nous la place.

   Nos courages nous faillent
La peste nous assaut
Les viures nous defaillent
Voicy venir l'assaut,
Ie voy cent mille maux:
Bref c'est faict de nos vies
Si le Seigneur tres-haut
Ne prend nostre partie.

   De sortir de la ville
En secret ne pouuons
Nos femmes & nos filles,
Les sauuer ne pouuons,
Las freres que ferons?
Rendons nous ie vous prie

H 5

Nous

Nous sauuerons nos vies.
  Roy qui tiens deux couronnes
Henry de grand valeur
Roy de France & Pologne
Nous trestous d'vn bon cœur
Te prions à genoux
Qu'vne paix & concorde
Octroyes à nous tous
Auec misericorde.

F I N.

Deux des principales chansons choisies des
premieres œuures de Philippes
des Portes.

EN quel desert en quel bois plus sau-
  uage,
Cruel amour me pourray-ie sauuer,
Pour t'empescher de me venir trouuer,
Et m'affranchir de ton cruel seruage?
  Las! ie pensois en m'esloignant de celle,
Qui tient mon cœur en ses yeux arresté,
Me retirer franc de captiuité,
Et voir la fin de ma douleur cruelle.
  Mais c'est en vain: car lors q̃ ie m'absête,
                                        Ie

Ie laiſſe helas mon cœur empriſonné,
Et mon eſprit durement enchaiſné,
N'emportant rien, que ce qui me tour
    mente.
Plus ie ſuis loin plus mon deſir s'allume,
Ie ne puis plus ſes efforts endurer,
Helas voyez ſi ie dois eſperer: (me.
Plus loin du feu plus fort ie me conſu-
e ne voy rien que des nuicts eternelles,
Pleines d'horreur de ſilēce,&d'effroy,
Et la frayeur qui me rēd hors d'eſmoy
Me fait ſouffrir des āgoiſſesmortelles.
On ne meurt point d'vne extreme tri-
    ſteſſe,
Bien que l'eſprit ſoit du corps ſeparé:
S'il eſtoit vray,ie n'euſſe tant duré
Et par ma mort ma douleur euſt pris
    ceſſe.
Tu as beau faire,ô Soleil ta reueuë,
Enflammant l'air d'vne belle clarté,
Tu ne ſçaurois chaſſer l'obſcurité,
Qui m'accompagne & qui couure ma
    veuë.
                              Tu

Tu luis par tout fors que dedãs mó am
Maisdedãs moy tu n'as point de pouuo
   Nulle clarté ie ne puis receuoir,
   S'elle ne vient des beaux yeux de m
     Dame.

Comme la nuict les ombrages se leuent
   Quand le Soleil cache son poil doré:
   Lors que ie voy mon Soleil retiré
   Ie sens leuer les ennuis qui me greue
Le desespoir de mon cœur se rẽd maistr
   Rien ne sçaurois cõtre luy m'asseure
   Et les soucis qui me font souspirer,
   De mes pensers d'autres pensers fon
     naistre.

Helas!chassez ceste rage importune,
   Tristes pensers pleins de seuerité:
   Ne suffit il que ie sois tourmenté
   De desespoir, d'amour, & de fortune:
Le desespoir à iamais ne me laisse,
   L'amour cruel se plaist à mó tourmẽ
   Et du malheur vient cest esloignemẽ
   Chargeãt mon cœur d'vne angoisseu
     se presse.

Et vous encor importunes pensees,
　Comme ennemis par tout vous me
　　suiuez:
　Mon mal vous plaist, de ma mort vous
　　viuez,
　Et me lassant vous n'estes point lassees,
Soit que Phœbus environne la terre,
　Soit que la nuict mette fin à son cours,
　Obstinémēt vous me pressez tousiours
　Troublans mon cœur d'vne immortel-
　　le guerre.
Et pour bannir ma debile esperance,
　Vous m'apportez ce loyer de ma foy,
　Que ma Diane a chassé loin de soy,
　De nostre amour toute la souuenāce.
Ie n'en croy rien, il ne se sauroit faire,
　Ie suis trop seur de son ferme vouloir
　Et que le tēps ne l'ē peut demouuoir,
　Ny ce qui est à l'amour plus contraire.
Mais toutesfois quād pleine d'incōstāce,
　De moy chetif son cœur s'estrāgeroit
　Iamais pourtant le mien ne changeroit
　Ie veux mourir soubs son obeissance.

FIN.

Autre Chanson nouuelle.

QVe n’ay-ie la langue auſſi prompt
Lors qu’en trēblant ie vous raconꝉ
L’arœur qui me faict conſumer,
Que ie fus prompt à vous aymer?

Quand voſtre œil de moy ſe retire
Ie conte ſi bien mon martyre
Et l’effort de voſtre rigueur,
Qu’il n’y a rocher ſi ſauuage,
Bois ſi dur, ne ſi ſourd riuage
Qui n’ayt pitié de ma langueur.

Mes yeux deux riuieres coulantes,
Mes paroles toutes brulantes,
Mes ſouſpirs menus & preſſez
La douleur teſmoignent aſſez.

Mais des que de vous ie m’approche
Mon cœur ſe gelle & deuient roche :
Deuant vos attraits gracieux
Ie pers eſprit, voix & haleine :
Et voulant vous conter ma peine
Ie ne ſçay parler que des yeux.

FIN.

ES REGRETZ ET DO-
leances de Madame de Ioyeuse sur le
treſpas de Monseigneur le Duc de
Ioyeuse, Sur le chant, Las
ma mere ie ne puis.

Velle ſoubçonneuſe peur
Esblouïſt ma fantaſie?
Quelle abayante douleur
A ma poictrine ſaiſie.

Ie fonds d'impatient dueil
Comme neiges primeraines
Il faut doncques que mon œil
En diſtille deux fontaines.

Pleurez Dames auecques moy,
Pleurez ma triſte complainte:
Pleurez la raiſon pourquoy
Helas mon ame eſt attainte.

Ie doy bien pleurer la mort
Du noble Duc de Ioyeuſe,
Celuy qui m'aymoit ſi fort
D'vne amour affectueuſe.

O trop

O trop cruel Atropos:
Qui par ta ruſe & cautelle
Tu m'as oſté mon repos
Qui me ronge la ceruelle.

Las ie doy bien lamenter:
Vn ſi vaillant perſonnage,
Vn ſi braue conſeiller
Qui fuſt occis par outrage.

France tu dois bien pleurer
Le noble Duc de Ioyeuſe,
Vn ſi vaillant Cheualier
Dont ſa mort eſt doloreuſe.

O mal-heureux ennemis:
O Tygres remplis de rage:
Pourquoy auez vous occis
Vn ſi noble perſonnage.

Sus donc ma triſte chanſon
Courez toute eſcheuelee,
Criant d'eſtrange façon
D'vn long creſpe noir voilee.

O ſiecle mal fortuné:
Si tu euſſes cognoiſſance,
De ce Prince tout bien né,

Tu plaindrois la grande offence.
   O mort trop cruelle mort,
Tu dois bien estre assouuye,
Qui par ton cruel effort
Mourir as faict ma partie.

   Helas!ie doy bien pleurer
Vne mort si doloreuse
De voir mon espoux si cher
En la tombe tenebreuse.

   Ie doy bien porter le dueil,
Pauure princesse esploree,
Voir en vn piteux cercueil
Celuy qui m'a tant aymee.

   A tousiours & à iamais
De ceste piteuse histoire,
Les souspirs seront pourtraicts
Engrauez en ma memoire.

   I'esperois que viuant luy,
Verrois deliure la France,
De tout soucy & ennuy,
Mais ie vois tourner la chance.

   Helas!ie suis maintenant
Pauure vefue demeuree

         I   Faut

Faut-il qu'en fleur de mes ans
Me voir ainsi delaissee?
      Loyal seruiteur du Roy
A esté toute sa vie,
Par vn traistreux desarroy
On luy a osté la vie.
      Prions Dieu deuotement
Et la vierge trespiteuse,
Mettre l'ame à sauuement
Du noble Duc de Ioyeuse.
                F I N.

Chanson nouuelle de l'armee des Reistres &
    leur deffaicte, Sur le chant, ou vas tu ber-
    gere, ou vas tu mon soucy.

A Ceste iournee
Resiouys toy François,
De cœur & pensee
Remercier tu dois,
A nostre noble prince
Qui chasse le venin,
De toute sa prouince
Les suppos de Caluin

O folle

O folle entreprise,
De faire guerre au Roy,
Qui souttient l'Eglise
Fondement de la foy,
Satan & ses complices
S'estoyent tous assemblez
Les Allemans & Suysses
Pour faire leur excés.
  Dedans ceste France
Contre Dieu & raison
Venoyent en puissance
Emporter la toyson:
Mais le Dieu debonnaire
Voyant la France ainsi
Les a voulu distraire
De leur mauuais destin.
  Or nostre bon pere
Le Seigneur tout puissant
Nous donne victoire
Contre ce peuple errant
Nostre Roy charitable
A heu d'iceux mercy
Oeuure tres-charitable:

Dieu la voulu ainſi.

　　Sortant d'Allemaigne
Tout leur deſſein eſtoit
Bruſler la campagne
Mais Dieu qui tout preuoit
Sa diuine puiſſance
Demonſtrant quand luy plaiſt
Nous a donné vengeance
De leur ſi cruel faict.

　　Donc faut recognoiſtre
Le grand Roy ſouuerain
Qu'eſt Seigneur & maiſtre
De tout le genre humain
Et toutes les armees
Il tient deſſoubs ſa main
Des malignes penſees
Il oſte le deſſain.

　　Tout voſtre equipage
Et tous vos eſtendars
Demeurent pour gaige
En pluſieurs lieux eſpars:
Et voſtre artillerie
Qu'auiez faict amener

Par vne grand’ folie
L’auez faict enterrer.
   Vos belles cournettes
Et vos guidons aussi
Clerons & trompettes
Le Roy les a saisi
Pour vous donner entendre
Qu’il n’est pas la raison
Que vous les tourniez rendre
Dedans vostre maison.
   Celuy qu’a puissance
Par dessus l’vniuers
Conduict par clemence
Contre tous les peruers
Nostre bon Roy de France
Qu’a eu pitié de vous
Faictes luy reuerence
Mettez vous à genoux.
   Mercy criez doncques
A Dieu & nostre Roy
En promettant qu’oncques
Iamais contre la Foy
Ne porterez les armes

I 3

Ains

Ains d'vn desir ardant
Viendrez auecques larmes
Au diuin Sacrement.

FIN.

Cantique chanté par les soldats & peuple
France, sur le departement & achemine-
ment du Roy, encontre les Huguenots &
Reistres, Et se chante sur vn chant nou-
ueau.

C'Est à toy Seigneur des Seigneurs
Que la France offre ses clameurs
En ses afflictions cruelles
Se voyant par les infidelles
Reduicte en telle extremité
Qu'elle pert sa franche liberté.
Voy doncques son affliction
Qui prouient pour l'occasion
De ceste Huguenotte race
Abaisse leur felonne audace
Ne permettant point que deux loix
Dominent le peuple François.

Fais que les Huguenots meschans
Et les Reiſtres qui vont cherchans
L'entiere ruine de la France
Eſprouuent Seigneur ta vengeance
Tant qu'en fin la place du camp
Demeure teincte de leur ſang.

 Puis que nous auons eu touſiours
Vers ta benignité recours
Ne permets pas que noſtre Egliſe
Soit en la puiſſance ſoubmiſe
De ces deteſtables tyrans
Heretiques & Allemans.

 Noſtre bon Roy plein de bon-heur
Marche d'vn treſ-valeureux cœur
Contre la Huguenotte race
C'eſt pour abbaiſſer leur audace
Le coutelas à ſon coſté
Les a brauement accoſté.

 Et puis remonſtrant brauement
Dedans la ville de Gyen
Aux Princes & ſeruiteurs fidelles
L'accompagner à ſa querelle
Et combattre pour noſtre foy

En deffendant Dieu & la loy.
  Pour cest effect arme le bras
De nostre Roy le second Mars
A cell' fin que par sa vaillance
D'iceux abbaisse l'arrogance
Puis qu'ils sont contre nostre loy
Rebelles à Dieu & au Roy.
  Fais que le François soit vainqueur
Combatant d'vn genereux cœur
Et luy donne virile force,
Car celuy-là en vain s'efforce,
De surmonter son ennemy
Si tu n'est Seigneur d'auec luy.
  Alors verras tes Temples saincts
De deuots Chrestiens estre plains
Au retour de ceste victoire,
Ou nous apprendrons pour memoire,
Les despoüilles des ennemis
Qui auront esté à mort mis.
  Puis donne Seigneur pour iamais
A ton peuple vne longue paix
Afin qu'esloigné de miseres
Il sacre ses vœux & prieres

D'vne

D'vne treshumble humilité,
A ta supreme eternité.

    Ceste paix icy bas produict
Toutes ces vertus,& destruict
Le detestable & mauuais vice
Car vne equitable Iustice,
Punit des meschans les forfaicts
Voyla que nous donne la paix.

    En temps de paix l'heureux marchant
En seurté va le gain cherchant
Pour entretenir sa famille
Le soldat son bien ne luy pille
Et brief il n'a crainte de rien
Tant la paix apporte de bien.

    Puis que la paix donne repos
Et le repos nous rend dispos
Donne tost fin à ceste guerre
Eslance ton foudre & tonnerre
Sur ceux qui veulent mal au Roy
Vray defenseur de nostre loy.

    Donc Seigneur Dieu aye pitié
De ton peuple assez chastié,
De s'amender lequel s'appreste,

I 5

Entens

Entens sa deuote requeste,
Et incessamment ô Seigneur
Nous chanterons tous ton honneur.
FIN.

Chanson nouuelle & Cymetiere des Reistres,
sur le chant, Adieu les Ministres
adieu, &c.

ADieu les Reistres adieu
Retirez vous en autre lieu
Laissez nostre pays de France
Allez au pays Nauarrois
Reformer le peuple & les loix
Car vous estes gens de science.

Vous pensiez dans voz chariots
De France emporter les thresors
Pour viure desormais à l'aise
Mais vous n'auez eu que des coups
De pluye du vent & des poux
Dont vous n'estes pas à vostre ayse.

Qui plus est vous auez trouué
En France forme à vostre pied

La

Las c'eſt ce bon Seigneur de Guyſe
Vray deffenſeur de noſtre Loy
Seruiteur de Dieu & du Roy
Et pillier de toute l'Egliſe.

    Helas pauures Reiſtres abuſez
Vous auez bien eſté trompez.
Croyans aux propos de menſonge
De ceux qui vous ont faict venir
En France pour vous enrichir
Mais vous n'y aurez que la honte.

    Adieu tentes & Pauillons,
Adieu Cuyſiniers & fripons,
    Adieu Tambours & Trompettes
Adieu Reiſtres & Allemans
Retournez à Soleil leuant
Refaire faire des Cornettes.

    Vous auez mangé noſtre bled
Mais il vous a bien cher couſté
Car il vous a couſté la vie,
Vous auez pillé nos maiſons,
Mangé nos poulles & chappons
De vous voir n'auons plus d'enuie,
    Ceux qui vous ont eſté querir

Vous

Vous promettoient qu'au departir
Auriez villes pour retraicte
En l'Orraine pour hyuerner
Pour mieux la France conquester
Mais leur promesse n'ont pas faite.

　Ils vous promettoient payement
Pour quatre mois en bel argent
Et de la France le pillage
Mais au lieu d'y auoir gaigné
Tout le voftre y eft demeuré
Chariots, Cheuaux & bagage.

　Adieu le Baron de d'Aulnay
Qui auoit le reste amené
Afin de nous faire la guerre
Voftre falaire auez reçeu
Car vous eftes morts abbatus
Gifant à l'enuers fur la terre.

　Adieu cornettes & fanons
Corfelets noirs & morions
Chariots, cheuaux & bagages,
Adieu Lanfquenettes trouffez
Adieu gouges de camp rufez
Qui cherchez tout noftre mefnage.

Or

Or adieu tous les regimens
Des Reyſtres noirs & d'Allemant,
Fuyez ſoudain en Allemaigne
Souuienne vous vne autre fois
Que pour auoir veu les François
Voz corps en portent les enſeignes.

    Quand reuiendrez en ce pays
Si voulez eſtre enſepuelis
Apportez draps ou toille blanche
Car les François preux & hardis
Vous apprendront en ce pays
Le moyen d'y payer le hance.

    Les malieres & les ruiſeaux
Ou giſent voz corps à monſeaux
En porteront bon teſmoignage
Les champs d'Auneau pres de d'Ourden
Ou ſont morts trois mille Allemans
Sont plaines de telle canaille.

    Or adieu tous les Huguenots
Vous auez perdu voz ſuppots
Et tous voz cantons d'Allemaigne
Vous penſiez bien vous releuer
Et toute la France troubler

                    Mais

Mais ils font morts à la campagne.
Si vous voulez gaigner le ieu
Aller vous faut en autre lieu
Et ramener nouuelles forces
Ce bon Duc vous eſt attendant
Auec ſon coutelas trenchant
Pour vous mettre ainſi qu’eux au coffre,
Or ſi vous eſtes plains d’ahen
Enges pleurez voz ris d’anten
Et cherchez vn autre Prouince
France ne vous fouſtiendra plus
Car elle cognoiſt voſtre abus
Aller vous faut à la freſnique.

F I N.

Coq à L’aſne fort ioyeux & recreatif ſur le
temps qui court, ſur le chant, En reue-
nant de Genefue pres le Lac, &c.

TRēblez trēblez Heretiq̃s maintenāt
Car vous n’auez plus le temps
Voz Miniſtres ſont brouys,
Mais que dict-on au pays de Lymoſin

Ie crois qu'ils ont le credit
Et qu'ils sont bien esbahis
Viue les François car ils ont à ceste fois
Les Allemans mis en fuitte,
Si le Duc Lorrain les attrape vne autre
Payeront les voires cassez.   (fois

    Mais que dict-on de la deffaicte d'Au-
Ie croys qu'à ce renouueau   (neau
Il faudra passer la mer,
Ie vis hier en dormant sur vn chalit
Vn Rouleau ou est escript
Le procez de Iean Luther
Ou sont-ils allez, à propos du pont allez
On le voit pres sainct Eustace
Tous ces retournez seront trestous gens
            de bien
De peur de perdre leur bien.

    Dedãs Paris on dict que les Allemans
Fuyent vers soleil leuant
Et si n'ont soulier en pied,
Si ces regnards fussent venus à leurs fins
Tous les pauures Maillotins
Eussent peu gaigner au pied,

                    On

On dict à Gien que ceux qui n'ont poi
    d'argent
Sont taillez d'auoir souffrette,
A Rouë on dict q̃ ceux qui ont des es
Feront beaucoup de quocus.

    Mais à propos i'entendis vn Allem
Qui s'en alloit gringottant
Vne piteuse Chanson,
Dame Bietriz a esté faire cela
Bien on le sçait mais voila
Tout va bien en la maison,
S'il estoit du vin pour desieuner au mat
Les enfans de platte bource
Iroient volontiers reueiller le tauernier
Faute d'argent fait ieuner.

    Le demeurant de ces Reistres fricass
Pensoient bien estre eschappez
Retournans à leur pays,
Mais en passãt le Rhin & les grosses eau
Ils ont laissé les houseaux
Car les gens du plat pays
Les ont attrapez, ils ont gomy les past
Dont ils auoient faict grand chere,
                                    Adieu

Adieu à touſiours Reiſtres ſi voꝰ reuenez
Vous ſerez ainſi payez.

    Peuple François il nous faut tous reſ-
      iouyr
De voir le bon temps venir
Et la France viure en paix
Or Dieu mercy les vſuriers ſont brouys
Ils ont eu nos beaux logis
Pour vn bien petit de bleds
Que dict on alen du bõ hõme Ieã d'antẽ
Ie crois qu'il à la verolle, ce mal eſt cõmũ
Car pluſieurs ſoubs leurs manteaux
Sont verts comme Papegaulx.

    Si on eſtoit paſſé au pays Anglois
On reformeroit les loix
De Luther & de Caluin,
Le iour de l'an i'entendis vn petit mot
Dieu pardonne a daſticot
Iamais n'eſtoit ſaoul de vin,
Les ſoldats Frãçois voudroiẽt biẽ à ceſte
Voir le pays d'Angleterre   (fois
Ils ſe chargeroient de nobles & d'Ange-
Pour bouter à leurs threſors.   (lots

          K   Or

Or pleuſt à Dieu q̃ le grãd Turc Solim
Fuſt deuenu bon chreſtien
Et qu'il tint de Dieu la loy
On m'a côté que la grãd Royne d'Alg
C'eſt faict ces iours baptizer
Et prins noſtre ſaincte foy
Pour concluſion de la petite chanſon
Prenez tous garde à voz bources
Gardez biẽ auſſi qu'õ ny boute de l'arg
Sus acheptez viſtement.

F I N.

Chanſon nouuelle d'vn ieune homme, lequ
au lieu de prendre deduict la premie
nuict qu'il coucha auec ſa femme ſe rele
& la quitta pour aller recourre vn Gig
au chat, Sur le chant, A Paris Ville & C
té, &c.

Oyez le cas aduenu
Dans Rouen bonne ville
D'vn ieune clerc Procureur
Par maniere gentille

Bien

Bien entendu a resolu
Se mettre en mariage
Pour par raison d'vn beau tendron
Auoir le pucelage.

    Sans vous faire long discours
Amoureux d'vne fille
Fut pour vous le faire court
Ainsi qu'vn homme habille.
a fiança & espousa
Car ils auoient enuie
Prendre deduict dedans le lict
Chassant melancolie.

    Le banquet estant passé
Du reste de la feste,
Ils auoient le rost serré
us vne aumoire nette
Vn chat alors à vn Gigot
Pour prendre sa repue,
Voyant monsieur estre empesché
Soudainement se rue.

    Ce chat tenant ce gigot
Le mangoit à son ayse,
Monsieur estoit au dodo

K   2

Auec

Auec sa Damoiselle
Qui voyant du chat l'appetit
Quitta soudain sa femme,
Quittant ieu esbat & deduict
Ainsi qu'vn homme infame.

	Quoy ou voulez vous aller
Se dift lors l'espousee
Laissez nostre chat manger,
Et passons la nuictee
Au ieu d'aimer, car le Boucher
A d'autre chair encore
Soyez content i'ay de l'argent
Pour en achepter d'autre.

	Nostre nouueau marié
Las desia de l'affaire
A quitté le bas mestier
Et sauta parmy l'aire
Au chat de par le diable au chat
Crioit lors ce pauure homme
Tandis que sa femme attendoit
Acheuer sa besongne.

	Le chat voyant brinbaler
Son manche entre les iambes,

Penſant que fuſt d'autre chair
Soudainement s'auance,
Il l'empoigna & le tira
Par ſi grande furie
Que de la peau vn gros morceau
Luy arracha bien viſte.

    Ha m'amye ie ſuis mort
Soyez moy ſecourable
Diſt lors ce pauure diot
Contre le chat damnable
Car il me mort l'outil ſi fort,
Que ie crois ſus mon aine
Que iamais bien ne vous fera
Si ne m'aydez ma femme.

    Reçois ta punition
Reſpond lors l'eſpouſee,
C'eſt contre droiĉt & raiſon
Que m'as icy laiſſee
Pour aller recourre vn gigot
Contre la malle beſte
Qui vouloit faire de ſa part
Le banquet pres la feſte.

    Prenez exemple Meſſieurs

De n'estre ainsi infames
Que le clerc de Procureur,
Lequel quitta sa femme
Ieu & esbat pour prendre au chat
Le rost dont est en peine,
Et danger perdre l'instrument
Que sur tout femmes ayment.

FIN.

Chanson nouuelle, sur vn chant
nouueau.

PAr vn traict qui mon cœur enflamme
Et de ses feux blesse mon ame
Tousiours augmentant mon desir
Amour me faict viure & mourir.

   Au plus ie veux fuyr ma flamme,
Plus de douleurs au cœur me trame,
Et lors que cuide auoir plaisir,
Amour me fait viure & mourir.

   Non celuy Dieu qui a deux æsles

Fait

Fait allumer mes eſtincelles,
Autre que luy m’a peu ferir
Amour me faict viure & mourir.

　　　Euſſe Venus ſon Adonis,
Mais que nous deux fuſſions vnis
Plus beau n’en voudrois acquerir,
Amour me faict viure & mourir.

　　　Hé Dieux benins ie ne ſçay pas
Si venant l’heure du treſpas
Ie pourray de ce mal guarir
Amour me faict viure & mourir.

　　　Ie voy le may de ma ieuneſſe,
Se reſouldre tout en triſteſſe,
Et fener au lieu de fleurir,
Amour me faict viure & mourir.

　　　Mon corps en ſa tendre ſaiſon
Se rend du cœur vne priſon,
Amy vueillez moy recourir,
Amour me faict viure & mourir.

　　　Le iour me nuit, l’autre m’ennuye,
Et à la nuict ie dois ma vie,
Pour mes doux ſonges encourir

K　4

Amour

Amour me fait viure & mourir.

Souuentesfois quand ie m'abfente
Ceft autre à moy fe prefente,
Ie ne viurois fans le cherir,
Amour me faict viure & mourir.

Ie doy grandement à mes yeux
En luy ie contemple mon mieux,
Mais quoy ie n'ofe requerir
Amour me faict viure & mourir.

En moy ie meurs, en luy ie vis
Etfes yeux ont les miens rauis,
Il me peut nuire & fecourir,
Amour me faict viure & mourir.

Au bois de mes maux fecretaire,
Qui fçait noftre priué affaire,
Pour me plaindre ie vois courir,
Amour me faict viure & mourir.

De fon iardin le Dieu d'aymer,
Me liure vn fruict qui eft amer
Si le temps ne le faict meurir,
Amour me faict viure & mourir.

Adieu mon ame fugitiue
Va t'en à l'oublieufe riue

Pour plus de luy ne t'enquerir
Amour me faict viure & mourir.

Chanson nouuelle sur vn chant
nouueau.

VN iour m'en allois seulette
  Au ioly bois soubs le saux
En cueillant la violette
Gardant mes petits aigneaux
Au chant gracieux,
Delicieux
Et amoureux
Du Rossignol sauuage
Me print à l'ouyr   bis
Si grand plaisir
Du souuenir
Qu'il me conuint dormir.
   Ie m'assis dessus l'herbette
Pensant vn peu sommeiller
De ma blanche genoüillette
I'en ay faict vn oreiller,
Lors est arriué,

Vn cheualier
Prompt & leger
Qui me treuua seulette,
Tant il m'y baisa
Et m'accolla
Et m'embrassa
Qu'à la fin m'esueilla.

Et quand ie fus esueillee
I'auisay le cheualier
Las ie me suis escriée
Qu'est-ce que faict vous m'auez
Las mon doux amy
Ie vous supply
Defaicte my,
La chose qu'auez faicte,
Si mon pere sçait,
Ou apperçoit
Ce qu'auez faict
Il m'en seroit meffaict.

Ne vous souciez m'amye
Ie vous le defferay bien
Vous en serez plus iolye
Et si l'on n'en sçaura rien.

Lors il l'empoigna
Et l'embraſſa
Et luy leua
Sa cotte & ſa chemiſe
Tant il luy a faict
Et redefaict,   bis
Ce qu'auoit faict,
Qu'à la fin l'a deſſaict.

Chanſon nouuelle.

NOſtre ferme alliance
Maintenant a prins fin:
Adieu mon eſperance
Ie prens congé à fin
Qu'amour change propos
Et que prenne repos.
Adieu ceſte main blanche,
Qu'ay touché pluſieurs fois
D'amitié pure & franche,
Sans tranſgreſſer les loix
D'amour que i'aymois tant
Dont m'eſtimois content.
Adieu les yeux de celle

Qu'a

Qu'auoit ma liberté
Adieu son ardant zelle,
Qui d'hyuer, & d'esté
Me rendoit tant heureux
D'estre son amoureux.

Adieu sa douce face
Adieu sa douce voix
Ie ne sçay que ie face,
Ores car ie m'en vois,
Mais tout pour le mieux,
Qui me tiendra ioyeux.

Adieu baiser humide
Recent & sauoureux
Qu'estoit le seul remede
De mon mal langoureux
Ores humide ou chaut
Certes il ne m'en chaut.

Adieu le parler miste
Et propos gracieux
Qu'vn iour me rendoit triste
Content & sauoureux
Mais ores Dieu mercy,
Ie n'ay plus tel soucy.

Autre Chanson.

IE sens l'affection
Qui à moy se vient rendre
D'vne perfection,
Pour me vouloir surprendre.

    Dont l'honneste maintien,
D'vne si bonne grace,
En plus haut lieu qu'au mien
Pourroit bien trouuer place.

    Mais ceste cognoissance,
Du bien de ma frauchise,
Me sert d'experience:
Pour iamais n'estre prise.

    Aymant trop mieux cest heur
De garder liberté
Que d'auoir seruiteur,
Qui ne tient loyauté.

    Car ie n'ay nul desir,
Du bien qu'il m'aduienne,
Le plus de mon desir,
C'est d'estre toute mienne.

FIN.

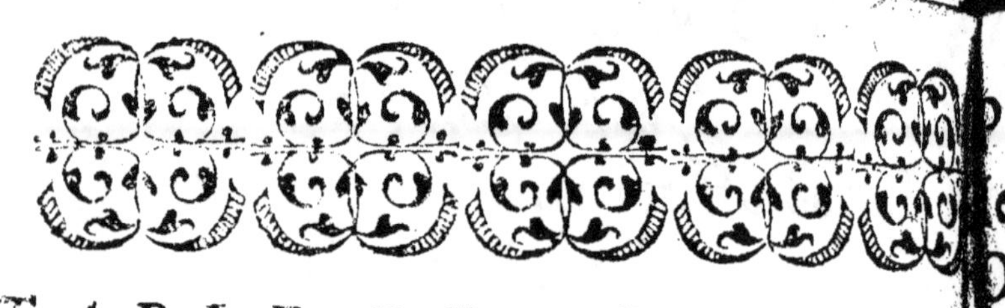

TABLE DES CHANSONS
DE CE PRESENT
Liure.

Puis

Trem

Fin de la Table.